Vicens Vives
Educación Secundaria

Aula3D

LCL 2.1

LENGUA CASTELLANA Y LITERATURA

E. Escribano Alemán
Catedrática de Lengua y Literatura

P. Rodríguez Delgado
Catedrática de Lengua y Literatura de IES

Índice

Cómo es este libro

Las actividades del libro están clasificadas según los procesos cognitivos que trabajan:

- **Conocer:** en ellas los alumnos trabajan directamente el contenido.
- **Aplicar:** estas actividades relacionan el contenido trabajado con los conocimientos previos del alumno y con el entorno, es decir, que trabajan con el contexto.
- **Razonar:** estas actividades tienen como objetivo que el alumno reflexione, explique y razone los porqués de sus respuestas.

Las actividades con el símbolo ✓ están diseñadas para evaluar el nivel de logro de unos determinados estándares de aprendizaje. Además, las actividades pueden incluir competencias clave, que se indican con los siguientes símbolos:

- Comunicación lingüística (no se indica explícitamente porque se trabaja de forma transversal en todas las Unidades)
- Competencia matemática y competencias básicas en ciencias y tecnología
- Aprender a aprender
- Conciencia y expresiones culturales
- Sentido de iniciativa y espíritu emprendedor
- Competencias sociales y cívicas
- Competencia digital

Cada tema de este libro tiene la siguiente estructura:

INTRODUCCIÓN

Introducción donde se avanza el contenido de la Unidad.

Se propone un juego para realizar en gran grupo y se plantean preguntas relacionadas con la imagen y el contenido de la Unidad.

LECTURA

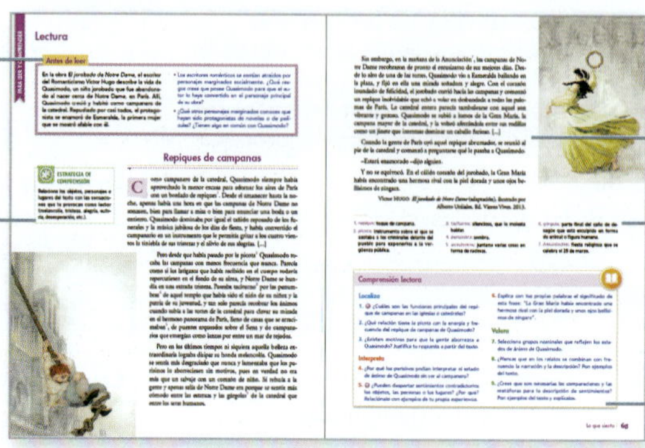

Texto y actividades que introducen la lectura.

Estrategia para facilitar la comprensión del texto.

Lectura de un texto o del fragmento de una obra. Las palabras más difíciles se explican en el vocabulario.

Actividades de comprensión lectora sobre el texto organizadas según sean "Localiza", "Interpreta" o "Valora".

INTERIOR DEL TEMA

Los temas están estructurados en apartados y subapartados.

Actividades sobre un texto audiovisual.

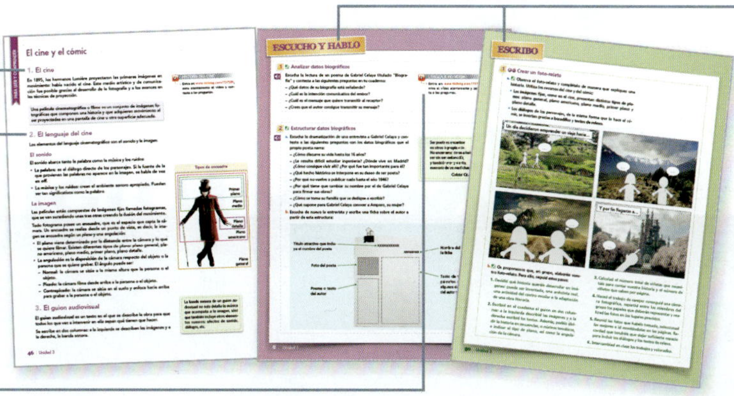

Una doble página de "Escucho y hablo" y otra de "Escribo" en las que se trabajan en profundidad diferentes tipos de textos y estrategias.

Los apartados de "Literatura" y "Gramática" se inician con la lectura de un texto y actividades para trabajar su contenido y los conocimientos previos del alumnado.

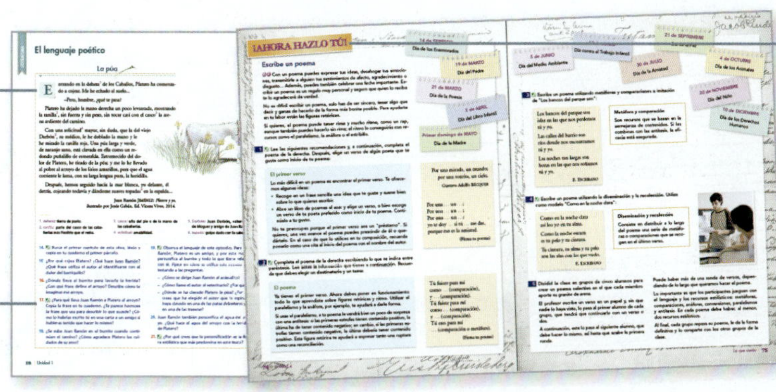

Al final de cada trimestre se propone un taller de escritura, "¡Ahora hazlo tú!", para poner en práctica la redacción de los géneros literarios estudiados.

Notas al margen para ampliar, recordar o afianzar conocimientos.

@ Para ampliar en la Red... con actividades de acceso a Internet.

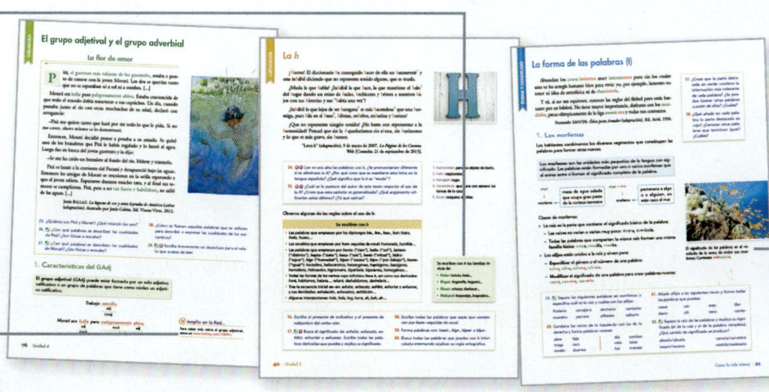

Algunos conceptos teóricos están acompañados de ilustraciones, cuadros y gráficos para practicar lo aprendido.

ANEXOS: GUÍA DE LECTURA, PRUEBAS PISA, PROYECTO

En la "Guía de lectura" se trabaja la lectura de una obra literaria.

En las "Pruebas PISA" se analizan textos y se realizan actividades para reforzar y evaluar las principales competencias clave.

Trimestralmente se lleva a cabo un "Proyecto" que fomenta el trabajo colectivo y la práctica de estrategias relacionadas con diferentes tipologías textuales.

1 Como la vida misma

¿Nos conocemos?

Yo te presento

El curso comienza de nuevo. Algunos ya os conocéis y otros no. Hoy tendréis que presentaros de una forma especial.

Os dividiréis por parejas y cada uno de vosotros presentará al compañero, especificando, por ejemplo: el nombre, el lugar de procedencia, el número de hermanos, la afición preferida, el centro escolar de donde viene, cómo son sus mejores amigos, sus lecturas preferidas, etc. Será fácil realizar la presentación si os conocéis, pero deberéis echar mano de vuestra imaginación si no es así.

Después, la persona a la que acabáis de presentar aclarará ante toda la clase los aspectos que no hayáis acertado.

1. ¿Qué emociones te transmite esta imagen?
2. ¿Crees que surte efecto el eslogan que utiliza WWF para que los destinatarios de su mensaje colaboren en esta campaña en defensa de los bosques? ¿Por qué?
3. ¿Qué relación guarda la imagen con el texto?
4. Valora el hecho de que en una campaña en defensa de los bosques no aparezca ni un árbol.

En esta unidad...

- Estudiarás qué es la comunicación y cómo se produce el intercambio de información.
- Estructurarás datos biográficos y aprenderás la mejor manera de dialogar.
- Descubrirás las características de la biografía y de la autobiografía.
- Aprenderás los conceptos básicos de la literatura y las características del lenguaje poético.
- Trabajarás las clases de enunciados, los tipos de oraciones según la modalidad y los nexos.
- Estudiarás las familias léxicas.
- Examinarás la forma de las palabras.

Lectura

Antes de leer

Confieso que he vivido es un libro autobiográfico que recoge las memorias del poeta chileno Pablo Neruda.

En él narra las principales experiencias de su vida, la relación con otros poetas, así como las circunstancias que rodearon la escritura de sus poemas más conocidos.

- Neruda elige la prosa para plasmar grandes acontecimientos. ¿Por qué no lo hace en verso? ¿Qué tiene la prosa que no tenga el verso?
- "El poeta debe ser, parcialmente, el cronista de su época", escribió Neruda. Explica sus palabras.
- ¿Qué diferencia hay entre la visión de las vivencias en una biografía y en una autobiografía?

ESTRATEGIA DE COMPRENSIÓN

Elabora una imagen mental del autor de este texto ayudándote de los datos que ofrece. Tu intuición y reflexión son muy importantes para comprender al escritor y su escrito.

Hubo un tiempo

Estas memorias o recuerdos son intermitentes[1] y a ratos olvidadizos porque así precisamente es la vida. La intermitencia del sueño nos permite sostener los días de trabajo. Muchos de mis recuerdos se han desdibujado al evocarlos[2], han devenido en polvo como un cristal irremediablemente herido. Las memorias del memorialista no son las memorias del poeta. Aquel vivió tal vez menos, pero fotografió mucho más. [...]

Había en mi casa un baúl con objetos fascinantes. En el fondo relucía un maravilloso loro de calendario. Un día que mi madre revolvía aquella arca sagrada yo me caí de cabeza adentro para alcanzar el loro. Pero cuando fui creciendo la abría secretamente. Había unos abanicos preciosos e impalpables[3].

Conservo otro recuerdo de aquel baúl. La primera novela de amor que me apasionó. Eran centenares de tarjetas postales, enviadas por alguien que las firmaba no sé si Enrique o Alberto, y todas dirigidas a María Thielman. Estas tarjetas eran maravillosas. Eran retratos de las grandes actrices de la época con vidriecitos engastados[4] y a veces cabellera pegada. También había castillos, ciudades y paisajes lejanos.

Durante años solo me complací en las figuras. Pero, a medida que fui creciendo, fui leyendo aquellos mensajes de amor escritos con una perfecta caligrafía. Siempre me imaginé que el galán aquel era un hombre de sombrero hongo, de bastón y brillante en la corbata. Pero aquellas líneas eran de arrebatadora pasión. Estaban enviadas desde todos los puntos del globo por el viajero. Estaban llenas de frases deslumbrantes, de audacia[5] enamorada.

Comencé yo a enamorarme también de María Thielman. A ella me la imaginaba como una desdeñosa[6] actriz, coronada de perlas. Pero ¿cómo habían llegado al baúl de mi madre esas cartas? Nunca pude saberlo. [...]

Fui creciendo. Me comenzaron a interesar los libros. En las hazañas de Buffalo Bill, en los viajes de Salgari, se fue extendiendo mi espíritu por las regiones del sueño.

Los primeros amores, los purísimos, se desarrollaban en cartas enviadas a Blanca Wilson. Esta muchacha era la hija del herrero y uno de los muchachos, perdido de amor por ella, me pidió que le escribiera sus cartas de amor.

No recuerdo cómo serían estas cartas, pero tal vez fueron mis primeras obras literarias, pues, cierta vez, al encontrarme con la colegiala, esta me preguntó si yo era el autor de las cartas que le llevaba su enamorado. No me atreví a renegar de mis obras y muy turbado le respondí que sí. Entonces me pasó un membrillo que por supuesto no quise comer y guardé como un tesoro. Desplazado así mi compañero en el corazón de la muchacha, continué escribiéndole a ella interminables cartas de amor y recibiendo membrillos.

Pablo NERUDA: *Confieso que he vivido* (adaptación).
Ed. Seix Barral, 2001.

Buffalo Bill.

1. **intermitente:** que se interrumpe y prosigue de forma alternativa.
2. **evocar:** recordar.
3. **impalpable:** que no se puede tocar.
4. **engastado:** incrustado.
5. **audacia:** atrevimiento.
6 **desdeñoso:** indiferente, desapegado.

Comprensión lectora

Localiza

1. ¿Cuál es el motivo que despierta la curiosidad del pequeño Pablo Neruda por ese baúl con objetos fascinantes?
2. Selecciona oraciones de la lectura donde el autor hable de sí mismo y oraciones donde hable de los demás. ¿Qué personas gramaticales están presentes?
3. ¿Cuál fue la primera novela de amor por la que el autor se sintió enormemente atraído?

Interpreta

4. Con lo que nos cuenta el autor de sí mismo, ¿cómo crees que era de niño?
5. ¿Por qué dice el autor que los recuerdos son intermitentes? ¿Qué crees que tienen en común Buffalo Bill o Salgari en sus recuerdos? Busca información de ambos en Internet.
6. ¿Qué papel desempeña Blanca Wilson en la vida del poeta? ¿Las palabras de sus cartas de amor, escritas como si fuera otro muchacho, fueron capaces de transformar la realidad? ¿Cómo?

Valora

7. ¿Crees que un buen libro de memorias debe contener los hechos más relevantes de la vida de su autor o, por el contrario, esos hechos deben ser seleccionados en función de sus intereses? Razona tu respuesta.
8. ¿El fragmento de la lectura contiene todos los elementos narrativos indispensables (narrador, personajes, espacio y tiempo) y se ajusta a una estructura determinada? Elabora un esquema con estos datos.
9. ¿Se sigue un orden cronológico lineal de los acontecimientos? Justifica tu respuesta.

La comunicación (I)

1. Nos comunicamos

La **comunicación** es el intercambio de información entre varios interlocutores.

Los seres humanos hablamos y escribimos para relacionarnos con el resto de personas de nuestro entorno.

Nos comunicamos con distintos objetivos, es decir, hablamos y escribimos con un fin (**intención comunicativa**); el lenguaje cumple, así, diferentes **funciones**. Observa la tabla:

¿Qué objetivos buscamos cuando hablamos y escribimos?	¿Cómo llamamos a ese objetivo o función?	Tipos de textos en los que encontramos ese objetivo o función
Informar sobre un hecho, una situación o algún aspecto de la realidad.	Función representativa o denotativa	Artículos informativos, textos escolares, cartas, conferencias, carteles...
Expresar un estado de ánimo: alegría, tristeza, enfado, miedo, euforia, sorpresa, etc.	Función emotiva o expresiva	Cartas, biografías, conversaciones personales...
Llamar la atención o persuadir a quien escucha o lee.	Función apelativa o persuasiva	Textos publicitarios, discursos políticos, cartas, artículos de opinión, ensayos...

El objetivo de esta campaña publicitaria es el de persuadir mediante la función apelativa del lenguaje.

Un hablante o un escritor no tiene por qué perseguir una única intención cuando elabora sus discursos; puede querer informar sobre un hecho al mismo tiempo que opina sobre este para convencer al receptor.

En este caso se habrán puesto en marcha diferentes **funciones del lenguaje** en un mismo texto.

2. ¿Cómo nos comunicamos?

El intercambio de información puede ser a través del:

- **Lenguaje verbal**: escuchar, hablar, leer y escribir usando la palabra.
- **Lenguaje no verbal**: comunicar con gestos, miradas, movimientos... sin usar palabras.

La intención comunicativa de cada hablante determinará el tipo de texto que va a utilizar para transmitir su mensaje:

- **Narración**: relata los acontecimientos que les suceden a unos personajes.
- **Descripción**: cuenta cómo son las personas, los lugares, los sentimientos...
- **Diálogo**: reproduce las palabras de unos personajes.
- **Exposición**: explica de manera objetiva una información.
- **Argumentación**: defiende ideas y expresa opiniones.

@ Amplía en la Red...

Para saber más sobre la comunicación, entra en www.tiching.com/737578.

Recuerda que:

La **narración** es el relato de unos hechos que les suceden a unos personajes en un lugar y en un tiempo determinados.

10. Lee el texto atentamente y realiza las actividades en tu cuaderno:

El refranero no se equivoca: la cara es el espejo del alma, o mejor sería decir "las caras", porque tenemos muchas, una para adaptarnos a cada situación. [...]

No es igual la cara de estar solo en casa que la de estar con la pareja o la familia, la del trabajo, la de una reunión laboral o la del bar. [...] A esa capacidad de cambiar de cara se la llama rostro social.

Todos escogemos conscientemente o no unas u otras expresiones faciales para adecuarnos a cada situación comunicativa.

Todo el mundo intenta no reírse, por ejemplo, en un velatorio o cuando un amigo nos cuenta una experiencia dolorosa. Escondemos y mostramos los sentimientos que en cada momento nos interesan. ¿Somos mentirosos?

Jon FERNÁNDEZ: "La cara, espejo del alma" (adaptación), 14 de febrero de 2014, *La Vanguardia*. Web [Consulta: 23 de septiembre de 2015].

a. Piensa en personajes conocidos de la televisión y explica:
   - Cómo hablan (características de su pronunciación, entonación, etc.).
   - Cómo visten (formal o informalmente).
   - Cómo son sus gestos (movimientos de las manos, del cuerpo, etc.).

b. Piensa en alguna situación formal que hayas vivido (una exposición en clase, por ejemplo) y otra informal (con los amigos, con la familia, etc.). A continuación, intenta recordar tus movimientos corporales en una y en otra situación, y compáralos:
   - ¿Eran movimientos y gestos pensados o, por el contrario, eran espontáneos?
   - ¿Crees que los gestos pueden llegar a controlarse para ofrecer una imagen determinada de nosotros mismos? Razona tu respuesta.

11. Busca en periódicos, libros de texto, novelas... ejemplos de narración, descripción, diálogo, exposición, argumentación. Cópialos en tu cuaderno y justifica por qué crees que son textos narrativos, descriptivos, etc.

12. @ Bethany Meilani Hamilton, surfista hawaiana, fue atacada por un tiburón y con tan solo 13 años perdió el brazo. Este trágico accidente no supuso el final de su carrera, ya que gracias a su tesón volvió a practicar surf y a ganar varias competiciones. Todo ello fue llevado al cine en la película *Soul Surfer*.

a. Busca información sobre Bethany Meilani en Internet y anota en tu cuaderno cómo sucedieron los hechos.

b. Transforma esa información en el relato de un hecho ficticio añadiéndole algunos datos inventados.

13. Con los datos que tienes más abajo, elabora tres relatos diferentes:

- una noticia
- un relato personal de un amigo tuyo
- una historia imaginaria

Deberás realizar todas las modificaciones que consideres oportunas respecto al narrador, personajes, espacio y tiempo.

Gaskins fue expulsado del instituto por no querer cortarse el pelo.

J. T. Gaskins sufrió leucemia cuando tenía 8 años.

Locks of Love fabrica pelucas para niños y adolescentes a partir de donaciones.

"Expulsado del instituto por no querer cortarse el pelo" (adaptación), 1 de febrero de 2012, *20 minutos*. Web [Consulta: 23 de septiembre de 2015].

ESCUCHO Y HABLO

1 Analizar datos biográficos

Escucha la lectura de un poema de Gabriel Celaya titulado "Biografía" y contesta a las siguientes preguntas en tu cuaderno:

- ¿Qué datos de su biografía está señalando?
- ¿Cuál es la intención comunicativa del emisor?
- ¿Cuál es el mensaje que quiere transmitir al receptor?
- ¿Crees que el autor consigue transmitir su mensaje?

GABRIEL CELAYA

Entra en www.tiching.com/737580, escucha el audio atentamente y contesta a las preguntas.

2 Estructurar datos biográficos

a. Escucha la dramatización de una entrevista a Gabriel Celaya y contesta a las siguientes preguntas con los datos biográficos que el propio poeta narra:

- ¿Cómo discurre su vida hasta los 16 años?
- ¿Le resulta difícil estudiar ingeniería? ¿Dónde vive en Madrid? ¿Cómo consigue vivir allí? ¿Por qué fue tan importante para él?
- ¿Qué hecho histórico se interpone en su deseo de ser poeta?
- ¿Por qué no vuelve a publicar nada hasta el año 1946?
- ¿Por qué tiene que cambiar su nombre por el de Gabriel Celaya para firmar sus obras?
- ¿Cómo se toma su familia que se dedique a escribir?
- ¿Qué supone para Gabriel Celaya conocer a Amparo, su mujer?

b. Escucha de nuevo la entrevista y escribe una ficha sobre el autor a partir de esta estructura:

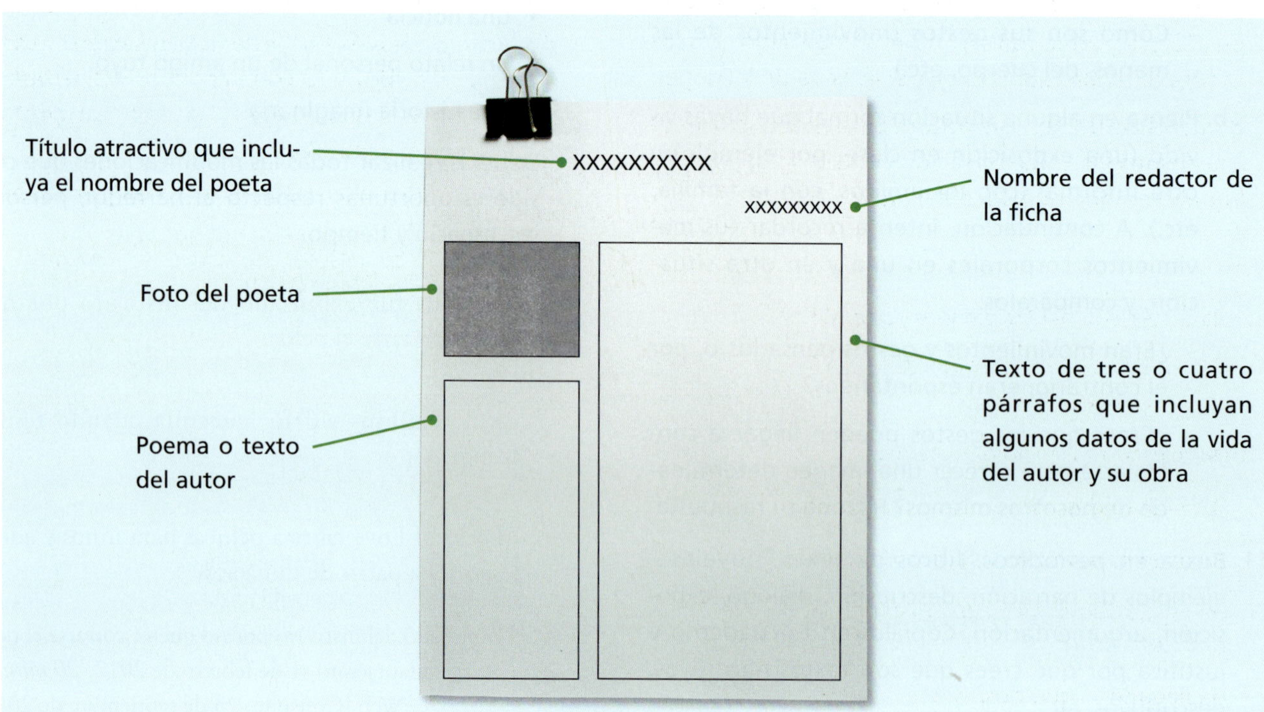

> Ser poeta es encontrar
> en otros la propia vida.
> No encerrarse; darse a todos;
> ser sin ser melancolía,
> y también mar y viento,
> memoria de las desdichas...
>
> Gabriel CELAYA

3 ¿Sabes dialogar?

Lee el texto y realiza las actividades en tu cuaderno:

Pedro había estudiado mucho para los exámenes finales. Sin embargo, temía por las notas de su amiga Laura, que no había estudiado casi nada porque se había enamorado de Álvaro y estaba en las nubes.

–Tengo las preguntas –le dijo Laura a Pedro al llegar al examen–, me las ha vendido Álvaro. Tengo que aprobar este examen como sea –se justificó.

Al rato, Álvaro llegó sonriente y se sentó delante del joven. El examen discurrió con normalidad hasta que el profesor se acercó a Álvaro y descubrió sobre su pupitre el papel con todas las preguntas y respuestas del examen. El profesor lo expulsó del aula y le dijo que estaba suspendido.

Laura, cada vez más nerviosa porque habían pillado a su compañero, bajó la cabeza y, aprovechando que el profesor miraba cómo Álvaro salía del aula, puso su folio con las soluciones en la mesa de Pedro. El profesor se giró justo en ese momento y pensó que también Pedro estaba haciendo trampa, por lo que le gritó que saliese con Álvaro y que tenía un suspenso.

Pedro, dispuesto a resolver el problema en el que se había metido, le pidió a Álvaro que contara de dónde habían salido las preguntas del examen.

–No puedo –dijo Álvaro–, la información me la ha proporcionado el jefe de una pandilla que se dedica a comerciar con esto y se vengaría si le desmontara el negocio. Dile al profesor que la hoja que había en tu mesa es de Laura...

–No puedo –dijo Álvaro–, es mi amiga y la quiero demasiado.

a. Dividíos en grupos de tres personas. Cada uno debe escoger una letra (**A**, **B** o **C**). **A** debe explicar a **B** qué personaje cree que ha actuado mejor y cuál peor. **B** le escucha sin aportar su valoración, solo puede preguntar cuando no entienda algo. **C** saca tarjeta amarilla cada vez que **B** se salga de su papel.

b. **B** le explica a **A** su valoración de las actitudes de los personajes de esta narración, insistiendo en todo aquello en que no está de acuerdo con **A**. **A** no puede dar su opinión ni replicar, solo preguntar cuando no entienda algo. **C** observa y saca tarjeta amarilla cuando **A** se aleje de la función que tiene encomendada.

c. **C** valora el desarrollo de la conversación, expone su punto de vista y lo compara con lo que han dicho sus compañeros. El ejercicio termina cuando **A**, **B** y **C** llegan a algunos acuerdos.

d. Valorad entre todos contestando a las preguntas:

	Muy poco: 1	Poco: 2	Suficiente: 3	Bastante: 4	Mucho: 5
Ha escuchado al otro sin interrumpirle.					
Ha preguntado respetuosamente cuando algo no se ha entendido.					
Ha revisado sus propios criterios.					
Ha evitado descalificar otras opiniones.					
Ha dado su punto de vista como uno más.					
Ha escuchado al otro cuando expresaba su desacuerdo.					
Ha llegado a acuerdos.					

ESCRIBO

1 La biografía de Gandhi

Una **biografía** es la narración de la vida de una persona redactada en 3.ª persona, pues el que escribe no es el protagonista de la historia.

Estos relatos pueden contener apreciaciones subjetivas del autor, aunque es más habitual que presenten fechas y datos precisos.

▸ Preparación (en grupos)

Escribid la biografía de Mahatma Gandhi, nacido en 1869 y asesinado en 1948, que predicó la no violencia como único medio de resistencia al dominio británico.

a. Antes de comenzar, responded a las siguientes cuestiones:

- ¿Qué datos de su vida privada pueden ser importantes para su vida pública?
- ¿Qué datos personales no son relevantes para la proyección del personaje público?
- Si fuerais mucho mayores de lo que sois ahora, ¿qué circunstancias personales no querríais mostrar a los demás? ¿Por qué?
- Para conocer la vida de alguien, ¿qué datos son imprescindibles? ¿Qué otros elementos podrían hacer atractiva su biografía?

b. Completad la tabla con la información que vayáis recopilando:

Contexto histórico en el que se enmarca la figura de Gandhi	Nacimiento e infancia	Juventud. Características físicas y morales	Edad adulta. Características físicas y morales	Muerte y proyección internacional
...	...	...	...	...

c. Buscad imágenes y vídeos para incorporarlos a la biografía.

▸ Escritura

Podéis realizarla en papel o con alguna aplicación digital que enriquezca vuestro trabajo y permita insertar imágenes o vídeos.

Recomendaciones para escribir una biografía:

- ✔ La biografía es una narración y, por tanto, tiene una estructura determinada. La estructura más usual es la cronológica lineal, es decir, la que va desde el nacimiento hasta la muerte de una persona.
- ✔ Como no sois personajes de la historia, el punto de vista será el de un narrador en 3.ª persona.
- ✔ Todo (espacio, tiempo, personajes) debe ajustarse a la realidad, pues no vais a hacer un relato de ficción.
- ✔ La descripción también debe formar parte de la narración, sin ella sería prácticamente imposible que el lector se hiciera una idea de cómo son las personas, los lugares, etc., que aparecen en la historia.

▸ Revisión y reescritura

Preparad la presentación comprobando antes que:

- La división en párrafos es correcta.
- Todos los datos importantes están incluidos.
- La presentación es atractiva e incluye imágenes sugerentes o vídeos.
- Las palabras repetidas han sido sustituidas por sinónimos.
- Los nexos son los apropiados.
- Los errores ortográficos están corregidos.

2 Tu autobiografía

Una **autobiografía** es la narración de la vida, o parte de ella, de quien la escribe. Está en 1.ª persona, dado que el protagonista es el propio autor.

Este tipo de relato se centra no solo en los acontecimientos vividos por el escritor, sino también en las emociones que los rodean.

▸ Preparación

Tu vida también es importante y seguramente podrás contar cosas que van más allá de la suma de datos biográficos. Ahora, tú vas a desempeñar dos papeles: el de autor y el de protagonista de tu propio relato.

a. Para conocer datos importantes, deberás preguntar a tus padres o familiares cercanos. Elabora un cuestionario sobre todo aquello que quieras saber. Te proponemos algunas preguntas, aunque debes ser tú el que añada otras que puedan resultar interesantes:

- ¿Cómo fueron mis primeros días? ¿Lloraba mucho? ¿Era tranquilo?
- ¿Cómo reaccionaron mis hermanos cuando llegué a casa?
- ¿Era muy comilón?
- ¿Cuándo empecé a sonreír?
- ¿Cuáles fueron mis primeras palabras? ¿Cuándo empecé a andar?

b. Completa la siguiente tabla con la información que obtengas:

Datos de mi familia	Nacimiento, infancia, Educación Infantil	Educación Primaria	Amigos, viajes, mascotas, travesuras...	Educación Secundaria
...	...	...	...	...

c. Busca imágenes o vídeos que ilustren tu autobiografía.

▸ Escritura

Además de las recomendaciones anteriores sobre la escritura de la biografía, ten en cuenta las que tienes bajo estas líneas.

Recomendaciones para escribir una autobiografía:

- ✔ El narrador y protagonista eres tú, entonces debes utilizar la 1.ª persona.
- ✔ Debes enriquecer tu narración con alguna digresión: recordar algo de tu pasado que tiene que ver con tu presente, o pensar en un sueño futuro..., lo que significa que puedes romper el orden cronológico lineal.
- ✔ Tu escrito no solo debe ser una suma de acontecimientos, sino que debes insertar descripciones de los sentimientos más intensos: miedos, alegrías...
- ✔ No olvides hacer referencia a los personajes, al tiempo y al espacio. Recuerda que todos estos elementos deben ser reales.

▸ Revisión y reescritura

Preparad la presentación comprobando antes que:

- La división en párrafos es correcta.
- Todos los datos importantes están incluidos.
- La presentación es atractiva e incluye imágenes sugerentes o vídeos.
- Las palabras repetidas han sido sustituidas por sinónimos.
- Los nexos son los apropiados.
- Los errores ortográficos están corregidos.

El lenguaje poético

La púa

Entrando en la dehesa[1] de los Caballos, Platero ha comenzado a cojear. Me he echado al suelo...

–Pero, hombre, ¿qué te pasa?

Platero ha dejado la mano derecha un poco levantada, mostrando la ranilla[2], sin fuerza y sin peso, sin tocar casi con el casco[3] la arena ardiente del camino.

Con una solicitud[4] mayor, sin duda, que la del viejo Darbón[5], su médico, le he doblado la mano y le he mirado la ranilla roja. Una púa larga y verde, de naranjo sano, está clavada en ella como un redondo puñalillo de esmeralda. Estremecido del dolor de Platero, he tirado de la púa; y me lo he llevado al pobre al arroyo de los lirios amarillos, para que el agua corriente le lama, con su larga lengua pura, la heridilla.

Después, hemos seguido hacia la mar blanca, yo delante, él detrás, cojeando todavía y dándome suaves topadas[6] en la espalda...

Juan Ramón JIMÉNEZ: *Platero y yo*,
ilustrado por Jesús Gabán. Ed. Vicens Vives, 2014.

1. **dehesa:** tierra de pasto.
2. **ranilla:** parte del casco de las caballerías más flexible que el resto.
3. **casco:** uña del pie o de la mano de las caballerías.
4. **solicitud:** amabilidad.
5. **Darbón:** Juan Darbón, veterinario de Moguer y amigo de Juan Ramón.
6. **topada:** golpe dado con la cabeza.

14. Busca el primer capítulo de esta obra, léelo y copia en tu cuaderno el primer párrafo.

15. ¿Por qué cojea Platero? ¿Qué hace Juan Ramón? ¿Qué frase utiliza el autor al identificarse con el dolor del borriquillo?

16. ¿Dónde lleva al burrito para lavarle la herida? ¿Con qué frase define el arroyo? Describe cómo te imaginas ese arroyo.

17. ¿Para qué lleva Juan Ramón a Platero al arroyo? Copia la frase en tu cuaderno. ¿Te parece hermosa la frase que usa para describir lo que sucede? ¿Cómo lo habrías escrito tú en una carta a un amigo si hubieras tenido que hacer lo mismo?

18. ¿Se sube Juan Ramón en el burrito cuando continúan el camino? ¿Cómo agradece Platero los cuidados de su amo?

19. Observa el lenguaje de este episodio. Para Juan Ramón, Platero es un amigo, y por este motivo personifica al burrito y todo lo que tiene relación con él. Fíjate en cómo se utiliza este recurso contestando a las preguntas:

- ¿Cómo se dirige Juan Ramón al animalito?
- ¿Cómo llama el autor al veterinario? ¿Por qué?
- ¿Dónde se ha clavado Platero la púa? ¿Por qué crees que ha elegido el autor que la espina se haya clavado en una de las patas delanteras y no en una de las traseras?

20. Juan Ramón también personifica el agua del arroyo. ¿Qué hace el agua del arroyo con la heridilla de Platero?

21. ¿Por qué crees que la personificación es la figura estilística que más predomina en este texto?

1. La literatura

La **literatura** es una forma particular del arte que utiliza la palabra hablada o escrita para crear mundos imaginarios que provoquen emoción en el lector y le impresionen por su belleza.

Los escritores no empiezan a escribir en el vacío, sino que parten de una riquísima tradición literaria de la que extraen temas y formas que les sirven de inspiración para la elaboración de sus obras: son los **géneros literarios**.

Así, si el autor desea contar hechos reales o imaginados que ocurren a su alrededor, escogerá el género narrativo; pero si pretende expresar sus emociones y sentimientos, optará por el género lírico.

Recuerda que:

Los tres grandes géneros literarios son el **lírico**, el **narrativo** y el **dramático**.

En los **textos líricos** el poeta expresa sus emociones cuidando ante todo la belleza y la musicalidad del lenguaje.

2. El lenguaje poético

Los rasgos del **lenguaje poético** se aprecian especialmente en el género lírico, ya que el poeta tiene que convertir las palabras cotidianas en materia artística utilizándolas de manera poco usual. Observa:

El autor de un texto lírico utiliza como materia de arte el mismo lenguaje que todos utilizamos para comunicarnos. Por este motivo debe alejarse del uso común del lenguaje si quiere provocar emociones en el receptor.

- **El poeta escoge las palabras y las combina** teniendo en cuenta su sonido, su ritmo y sus posibles efectos musicales.

Vaivén

Por la noche, ya al subir,
por la tarde, ya al bajar,
yo quiero pisar la nieve
azul del jacarandá[1].

¿Es azul, noche adelante?
¿Es lila, tarde detrás?
Yo quiero pisar la nieve
azul del jacarandá.

Si el pájaro serio canta
que es azul su azulear,
yo quiero pisar la nieve
azul del jacarandá.

Si el mirlo[2] liliburlero,
que es lila su lilear,
yo quiero pisar la nieve
azul del jacarandá.

Ya nieve azul a la ida,
nieve lila al retornar;
yo quiero pisar la nieve
azul del jacarandá.

Rafael ALBERTI

1. **jacarandá:** árbol tropical americano, frondoso y con flores de color azul y morado.
2. **mirlo:** pájaro de plumaje oscuro y pico amarillento que emite un canto melodioso.

22. Lee en voz alta este poema para apreciar el ritmo y la sonoridad de las palabras que lo componen.

A continuación, realiza las actividades siguientes:

a. Fíjate en el título del poema. Después, localiza los versos en los que la disposición de las palabras alude al vaivén del título.

b. Aprecia la sonoridad de algunas palabras:

- ¿Dónde reside la de la palabra *jacarandá*?
- ¿Y en qué reside el efecto sonoro de "es azul su azulear" y de "liliburlero" y "lilear"?

▶ **El poeta busca términos de gran riqueza expresiva**, capaces, por su significado, de sugerir potentes sensaciones e imágenes.

Ardió mi casa:
nada me impide ya
gozar la luna.

Mizuta MASAHIDE

23. Si este haiku fuera el fotograma de una película, ¿cómo lo describirías?

24. ¿A qué accidente o desgracia se refiere el poeta?

25. "Ardió mi casa" no produce "gozo": son términos contrapuestos. ¿Crees que tienen aquí ese sentido de contraposición, u otro?

26. El **yo poético** es la voz que habla en el poema y que no siempre coincide con la del propio poeta.

    El punto de vista del yo poético consigue crear una cierta sensación de extrañeza en el lector. ¿Cuáles de estos enunciados definen el tema del haiku?

    - ☐ La desgracia del incendio de la casa.
    - ☐ La sensación de libertad que experimenta el yo poético.

▶ **El poeta utiliza los recursos expresivos del lenguaje**: repeticiones, paralelismos, comparaciones, metáforas...

Hipérbole del amoroso

Te amo tanto que duermo con los ojos abiertos.
Te amo tanto que hablo con los árboles.
Te amo tanto que como ruiseñores.
Te amo tanto que lloro joyas de oro.
Te amo tanto que mi alma tiene trenzas.
Te amo tanto que me olvido del mar.
Te amo tanto que las arañas me sonríen.
Te amo tanto que soy una jirafa.
Te amo tanto que a Dios telefoneo.
Te amo tanto que acabo de nacer.

Carlos Edmundo DE ORY

27. Señala todos los paralelismos y las anáforas del poema.

28. Localiza la única metáfora.

29. Comenta el título en relación con el contenido del poema.

▶ **El poeta enriquece el significado del mensaje** haciendo que las palabras, además de su sentido literal, se carguen de connotaciones y adquieran otros significados simbólicos.

Llamó desde el bosque.
Que estaba perdido,
que ya muchas noches
vagaba[1] perdido
buscando aquel cofre.

Era un timbre frío.
Llamó desde el bosque.

Javier EGEA (fragmento)

1. vagar: andar sin hallar el camino.

El **bosque** es un espacio habitado por enemigos que simboliza los peligros que acechan al ser humano. Por otra parte, el **cofre** es un recipiente que puede contener tanto lo bueno como lo malo y simboliza la búsqueda de un bien superior.

30. En este poema se superponen dos significados: el literal y el simbólico. Indica cuál de estos enunciados describe mejor el significado literal:

    - ☐ Un hombre pide ayuda porque teme morir.
    - ☐ Alguien pide ayuda porque se ha perdido en el bosque cuando buscaba un cofre.
    - ☐ Un hombre se ha perdido en el bosque.

31. Explica el significado simbólico del poema.

32. Según el poeta, el timbre de la voz del caminante es frío. ¿Qué te sugiere esto? ¿Cuál crees que puede ser el destino de este viajero perdido?

Lactobacilos[1] en el alma

Hay un yogur de esos que tanto te gustan
esperándote todavía en la nevera.
Te esperaba y te esperaba
(mientras tanto yo desesperaba)
y cuando vio que ya no venías,
se impacientó de una vez, reventó la tapa
y soltó una peste de bacterias que no veas.
Tengo lactobacilos en el kétchup,
lactobacilos en la remolacha,
lactobacilos entre las uñas,
lactobacilos en los sobacos.
No te estoy vacilando, te lo juro:
tengo lactobacilos en el alma.

Niall Binns

1. lactobacilo: tipo de bacteria benigna utilizada en la elaboración del yogur y otros alimentos fermentados.

COMPRENDO EL TEXTO

33. Lee el texto en voz alta, dándole la entonación precisa acorde con su contenido.

34. Presta atención al yo poético y escribe cómo te lo imaginas:

- ☐ Es un chico enamorado.
- ☐ Es una chica enamorada.
- ☐ Es alguien a quien su pareja lo ha abandonado.

35. En realidad, lo que quiere expresar el poeta a través de esa voz poética es un sentimiento ¿Cuál?

- ☐ Su asco porque el yogur ha reventado.
- ☐ Su rabia y su profunda tristeza porque lo han abandonado.
- ☐ Su impaciencia por la tardanza de la persona amada.

REFLEXIONO SOBRE EL TEXTO

36. Como ya sabes, el género lírico habla sobre todo de los sentimientos del poeta, pero, a veces, estos sentimientos, por pudor, no se expresan directamente, sino a través de una persona o un objeto intermediario.

En el poema, ¿quién se impacientó y reventó la tapa? ¿El yogur o el yo poético?

37. Según esto, ¿qué connotaciones o significados añadidos adquiere el término *lactobacilos*?

38. Lee el último verso y contesta a la pregunta:

Tengo lactobacilos en el alma.

- ¿A qué crees que se refiere el poeta cuando dice que tiene "lactobacilos en el kétchup", "en la remolacha", "entre las uñas" y "en los sobacos"?

39. Este poema tiene trece versos. Recuerda lo que estudiaste el curso pasado e indica si tienen rima o son versos libres.

40. Localiza en el poema tres versos paralelísticos con anáfora.

41. En el poema, el yogur parece tener vida, pues espera, se impacienta y revienta. ¿Cómo se llama la figura literaria que presenta a seres inanimados con rasgos propios de las personas?

42. Expresa en unas líneas en qué reside la originalidad de este poema.

De la palabra a la oración. Los nexos

Brif, bruf, braf

Dos niños estaban jugando, en un tranquilo patio, a inventarse un idioma especial para poder hablar entre ellos sin que nadie más les entendiera.

–*Brif, braf*–dijo el niño.

–*Braf, brof*–respondió la niña.

Y soltaron una carcajada.

En un balcón del primer piso había un buen viejecito leyendo el periódico, y asomada a la ventana de enfrente había una viejecita ni buena ni mala.

–¡Qué tontos son esos niños! –dijo la señora.

Pero el buen hombre no estaba de acuerdo:

–A mí no me lo parecen.

–No va a decirme que ha entendido lo que han dicho...

–Pues sí, lo he entendido todo. El primero ha dicho: "Qué bonito día". La segunda ha contestado: "Mañana será más bonito todavía".

La señora hizo una mueca[1], pero no dijo nada, porque los niños se habían puesto a hablar de nuevo en su idioma.

–*Marasqui, barabasqui, pippirimosqui* –dijo el niño.

–*Bruf*–respondió la niña.

Y de nuevo los dos se pusieron a reír. [...]

Gianni RODARI: *Cuentos por teléfono* (adaptación). Ed. Juventud, 1993.

1. **mueca:** gesto burlesco del rostro.

43. Escribe en tu cuaderno las palabras que han inventado los niños. ¿Por qué el viejecito cree que el significado de sus palabras es tan alegre y positivo?

44. Inventa un sustantivo, un adjetivo y un verbo. Luego, forma una oración en la que se pueda descubrir qué querías decir con esas tres palabras nuevas.

1. De la palabra al enunciado

La **lengua** es un **sistema articulado** por el cual podemos expresar nuestros pensamientos gracias a la articulación, es decir, gracias a la unión de diversas unidades lingüísticas que se relacionan entre sí:

- Articulando morfemas formamos las palabras: *bonit-o*.
- Articulando palabras formamos los grupos de palabras: *más bonito*.
- Articulando grupos de palabras formamos los enunciados (frases y oraciones): *Mañana* (sujeto) *será más bonito todavía* (predicado).
- Articulando frases y oraciones formamos textos orales y escritos.

Recuerda que:

Las palabras se clasifican en nueve **categorías gramaticales**.

Estas son: sustantivos, adjetivos, determinantes, pronombres, verbos, adverbios, preposiciones, conjunciones e interjecciones.

2. Los enunciados

Un **enunciado** es una palabra o un grupo de palabras que expresan una **idea completa**. Hay dos clases de enunciados: *frases* y *oraciones*.

Frases

Una **frase** no tiene verbo, pero mantiene todas las características de un enunciado: sentido completo, entonación independiente y final marcado.

Hay distintas clases de frases:

- **Etiquetas**. Son palabras o frases que se colocan en un objeto o en una mercancía para poder reconocerlos; también identifican una profesión: *Renfe, Café colombiano, Director.*
- **Frases hechas**. Son refranes y frases que siempre se dicen igual: *Perro ladrador, poco mordedor; A bote pronto.*
- **Interjecciones**. Son enunciados que comunican sentimientos, impresiones, saludos, órdenes..., entre otras posibilidades. Suelen ir entre signos de exclamación o interrogación. Las interjecciones pueden ser:
  - **Propias**. Son palabras que solo se usan como interjecciones: *¡Olé!*
  - **Impropias**. Se llaman así a los sustantivos, adjetivos, verbos o adverbios usados como interjección: *¡Cielos!, ¡Genial!, ¡Anda!, ¡Fuera!*
  - **Locuciones interjectivas**. Son grupos de palabras que funcionan como interjecciones: *¡Madre mía!, ¡Qué barbaridad!*

Recuerda que:

Características de los enunciados:

- ✔ **Sentido completo**. Cada enunciado expresa una idea:

  ¡Cuidado!; Mañana iré a verte.
- ✔ **Entonación independiente**. Cada enunciado tiene una entonación propia:

  ¿Vendrás?; Te llamaré; ¡Ánimo!
- ✔ **Final marcado**. Los enunciados son secuencias de palabras delimitadas por pausas muy marcadas:

  Buenos días. ¿Quieres un café? Te invito.

Oraciones

Una **oración** es un enunciado que tiene sujeto y predicado.

▶ **El sujeto**. Es el **grupo nominal** que cambia de número si modificamos el número del verbo del predicado:

El niño	***cogió** el balón.*	⟶	*Los niños*	***cogieron** el balón.*
Sujeto sing.	Predicado sing.		Sujeto pl.	Predicado pl.

Formas de presentarse el sujeto en la oración:

- **Expreso**. El sujeto está presente en la oración: *María vendrá mañana.*
- **Elíptico**. El sujeto no está expreso en la oración, pero podemos deducirlo por las desinencias verbales: *Llegué tarde al cine* [yo].

▶ **El predicado**. Es un **grupo verbal** con un verbo en forma personal que comunica información sobre el sujeto: *Ese chico es muy alto.*

Según el número de verbos en forma personal que contengan las oraciones, estas se dividen en:

- **Simples**. Tienen un verbo en forma personal: *Mañana iremos al cine.*
- **Compuestas**. Tienen más de un verbo en forma personal: *Ayer me dijeron que los resultados se sabrían el miércoles próximo.*

Recuerda que:

- ✔ El sujeto no lleva preposición:

  A mi amigo le gusta ese libro. (Sujeto: *ese libro*)

  A mi amigo le gustan esos libros. (Sujeto: *esos libros*)
- ✔ El sujeto puede ir delante o detrás del verbo:

  María encontró el libro. (Sujeto: *María*)

  El libro lo encontró María. (Sujeto: *María*)

3. Clases de enunciados

Existen distintas clases de enunciados según la intención comunicativa del hablante. Nos comunicamos con la intención de afirmar o negar algo, preguntar, plantear una duda o dar una orden.

@ Amplía en la Red...

Para saber más sobre las clases de enunciados, entra en www.tiching.com/737584.

La **modalidad** es el modo que adoptan los enunciados para recoger la actitud del hablante.

Clases de oraciones según la modalidad oracional:

- **Enunciativas**. Informan de un hecho de manera afirmativa o negativa: *Mañana iré a verte; No estudiará esta tarde.*
- **Interrogativas**. Son aquellas en las que se formula una pregunta: *¿Quieres el bocadillo de jamón o de queso?*
- **Exclamativas**. Comunican sentimientos de sorpresa o emoción: *¡A mi gato le encanta dormir la siesta sobre el ordenador!*
- **Dubitativas**. Expresan una duda: *Puede que hoy nos den los resultados.*
- **Desiderativas**. Manifiestan un deseo: *Me gustaría que me llamaras.*
- **Imperativas**. Se utilizan para dar una orden o un consejo o para prohibir algo: *Debieras apagar el móvil por la noche al dormir.*

45. Analiza la oración siguiendo el ejemplo de la tabla:

En un balcón del primer piso había un buen viejecito leyendo el periódico.

Palabra	Categoría gramatical	Género	Número	Persona	Tiempo verbal	Modo verbal
balcón	sustantivo	masculino	singular	...	...	...
...	adjetivo	...	...	...	...	...
había	verbo	...	singular	3.ª	imperfecto	indicativo

46. Lee el texto y realiza las actividades:

–¡Hola! –me saludó alguien a mi espalda.

–¡Ah, hola! –balbuceé, después de volverme.

–¿Cómo te va?

–¡Fatal! –exclamé atropelladamente–. ¿Y a ti? ¿Has solucionado tus problemas?

–Más o menos... –respondió la chica.

–¿Se ha enterado tu familia de lo del anuncio? –le pregunté intentando ser amable.

–¡Ya lo creo que se han enterado!

Manuel VALLS: *Eva, no vayas a Berlín en limousine* (adaptación). Ed. Planeta, 1962.

a. ¿Cuántos enunciados componen el texto?

b. ¿Hay interjecciones? ¿De qué clase son?

c. ¿Hay alguna frase hecha? ¿Cuál?

47. Clasifica los siguientes enunciados en etiquetas, frases hechas e interjecciones:

Jefe adjunto

¡Cuidado con el perro!

¡Por Dios!

¡Ay!

¡Para!

¡En fin!

Maldición

Pastillas para la tos

Telefónica

¡Buenos días!

Paquete exprés

Como anillo al dedo

4. Los nexos: preposiciones y conjunciones

Las **preposiciones** y las **conjunciones** son palabras invariables que relacionan palabras y oraciones entre sí.

▶ **Preposiciones**. Son nexos subordinantes, es decir, hacen depender unas palabras de otras a las que completan su significado:

Manifiesto (sustantivo) *contra el hambre en el mundo* (Complemento del nombre).
Grupo nominal

Forma de las preposiciones:

- **Simples**. Están formadas por una sola palabra: *a, ante, bajo, cabe, con, contra, de, desde, durante, en, entre, hacia, hasta, mediante, para, por, según, sin, so, sobre, tras, versus, vía.*
- **Locuciones preposicionales**. Son grupos de dos o más palabras que hacen la función de una preposición: *a favor de, en orden a, de acuerdo con, por entre, junto con...*

▶ **Conjunciones**. Son nexos de unión entre palabras y entre oraciones:

Teo (sust) *y María* (sust) *son muy amigos.* *Leí los apuntes* (Oración) *y tomé notas* (Oración).

Forma de las conjunciones:

- **Simples**. Están formadas por una sola palabra: *y, ni, o, pero, sino, porque, aunque, que, si...*
- **Locuciones conjuntivas**. Son formas fijas formadas por varias palabras que equivalen a una conjunción: *ya que, con que, para que...*

@ Amplía en la Red...

Para saber más sobre los nexos, entra en www.tiching.com/737585.

Recuerda que:

Conjunciones coordinantes:

Copulativas	*y, e, ni*
Adversativas	*pero, sin embargo*
Disyuntivas	*o, u*

Conjunciones subordinantes:

Causales	*porque*
Concesivas	*aunque, a pesar*
Condicionales	*si, a no ser que*

48. Lee el texto y contesta a las preguntas:

–¿Lo dices en serio? ¿De verdad crees que una máquina puede pensar?

No me contestó de manera inmediata. Mi amigo Moxon parecía ausente. Tenía los ojos clavados en las brasas de la chimenea, y las removía con un atizador.

Saltaba a la vista que algún asunto absorbía sus pensamientos.

–Yo antes creía que no –respondió al fin–. Porque si construyes algo con piezas metálicas, ¿cómo demonios va a cobrar vida?

Se levantó súbitamente, se asomó por la ventana y contempló durante unos instantes la oscuridad de aquella noche de tormenta.

Ambroise BIERCE: "El maestro de ajedrez" (adaptación). en *Relatos de monstruos.* Ed. Vicens Vives, 2008.

a. ¿Cuántas oraciones hay en el texto?

b. ¿Cómo es el sujeto de las dos primeras oraciones? ¿Qué pronombre personal lo representa?

c. ¿Quién es el sujeto de esas oraciones? ¿En qué oración aparece explícito?

d. Escribe la modalidad oracional de las oraciones de los dos primeros párrafos.

e. ¿Qué preposiciones y conjunciones se repiten?

49. Construye una frase que contenga al menos dos preposiciones. ¿Qué unen las preposiciones?

50. Construye dos oraciones con cada una de las siguientes conjunciones y locuciones conjuntivas: *que, si, pero, aunque, a pesar de que, para que.*

51. Escribe una oración con cada una de las modalidades que has estudiado en el apartado 3.

Las familias léxicas

Mi tía Julieta confunde herbario con herbívoro y herboristería con floristería. No hay solución, la pobre no tiene remedio...

Y mira que cada día le pregunto: "Tía Julieta, ¿has visto qué rosas, petunias y alhelíes tan bonitos se venden en la floristería?".

Y ella, como si no me hubiera escuchado, siempre me responde: "Sí, hija, y té, manzanilla, tila...".

Una **familia léxica**, o **familia de palabras**, está formada por un conjunto de palabras que comparten la misma raíz y que, por lo tanto, tienen relación de significado.

Al compartir la misma raíz, todas las palabras que se formen a partir de ella se escribirán igual, es decir, tendrán la misma ortografía:

flor: *florecer*, *florista*, *florido*...

árbol: *arboleda*, *arbolista*, *arbolado*...

Para crear una familia de palabras, hay que añadir a cualquier raíz todos los morfemas que pueda admitir, ya sean prefijos o sufijos:

brazo: *brazada*, *brazalete*, *abrazar*...

52. Relee el texto anterior y explica qué tienen en común las palabras siguientes y defínelas en tu cuaderno:

herbario

hervíboro

herboristería

Huevo y ***oval*** son de la misma familia léxica, pero se escriben diferente. Las palabras que comienzan con el diptongo ***ue*** llevan ***h***: *huevería, huevero*... Las que han perdido el diptongo y comienzan por ***o*** no llevan ***h***: *ovalar, ovalado*...

53. ¿Cuántas palabras conoces de las familias léxicas de *beber*, *recibir*, *servir*, *helar* y *tejer*? Escríbelas y enuncia la regla ortográfica que se deduce de cada una de ellas.

54. La siguiente sopa de letras contiene nueve palabras que pertenecen a tres familias léxicas diferentes. ¡Descúbrelas!

H	C	D	H	K	R	O	P	H	T	H	Z	N
E	J	E	I	L	E	J	X	E	V	E	O	H
C	M	S	E	B	H	M	W	R	I	R	Y	E
S	F	H	R	S	E	D	V	B	G	R	X	C
I	D	A	B	L	C	K	E	O	S	A	F	H
W	V	C	A	Z	H	T	A	L	L	D	M	U
E	Q	E	J	W	O	S	U	A	J	U	P	R
U	E	R	O	E	H	E	R	R	E	R	I	A
O	I	H	E	R	B	I	C	I	D	A	U	L
F	H	E	R	R	E	R	O	O	T	W	Z	A

– ¿De qué palabra proceden cada una de las familias léxicas?

55. Clasifica las siguientes palabras en función de la familia léxica a la que pertenecen:

nubarrón	cajonera	cajetilla
zapatería	ciudadanía	herrero
cabida	exhibición	recibidor
hervidero	vivienda	herrería
zapatón	lucidez	cabemos
recibidos	ciudadela	herrado

a. ¿Qué procedimiento se usa para su formación?

b. ¿Qué relación semántica existe con la palabra de la que proceden? Explica el significado de cada una de ellas.

56. Algunas palabras homónimas pueden dar lugar a confusión. Observa:

- *hierro* (verbo)/*hierro* (sustantivo)
- *hierva* (verbo)/*hierba* (sustantivo)

Identifica y explica las familias léxicas de las que proceden cada una de ellas.

La forma de las palabras (I)

Abundan los conocimientos muy interesantes pero sin los cuales uno se las arregla bastante bien para vivir: yo, por ejemplo, lamento no tener ni idea de astrofísica ni de ebanistería.

Y tú, si no me equivoco, conoces las reglas del fútbol pero estás bastante pez en béisbol. No tiene mayor importancia, disfrutas con los mundiales, pasas olímpicamente de la liga americana y todos tan contentos.

Fernando SAVATER: *Ética para Amador* (adaptación). Ed. Ariel, 1996.

57. ¿Crees que la parte destacada en verde contiene la información más relevante de cada palabra? ¿Se pueden formar otras palabras a partir de ellas? ¿Cuáles?

58. ¿Qué añade en cada palabra la parte destacada en rojo? ¿Conoces otras palabras que terminen igual? ¿Cuáles?

1. Los morfemas

Los hablantes combinamos los diversos segmentos que constituyen las palabras para formar otras nuevas.

Los **morfemas** son las unidades más pequeñas de la lengua con significado. Las palabras están formadas por uno o varios morfemas que al unirse entre sí forman el significado completo de la palabra.

mar ↓ morfema ← masa de agua salada que ocupa gran parte de la corteza terrestre

mar - ino ↓ morfema ← pertenece a algo o a alguien, en este caso al mar

El significado de las palabras es el resultado de la suma de todos sus morfemas: *Corrientes submarinas*.

Clases de morfemas:

- La **raíz** es la parte que contiene el significado básico de la palabra:
  - Las raíces no varían o varían muy poco: *tierr-a*, *terr-ícola*.
  - Todas las palabras que comparten la misma raíz forman una misma **familia léxica**: *mesa*, *mesilla*, *mesita*.
- Los **afijos** están unidos a la raíz y sirven para:
  - **Especificar** el género o el número de una palabra: *niñ-o*, *niñ-a*, *niñ-o-s*, *niñ-a-s*.
  - **Modificar** el significado de una palabra para crear palabras nuevas: *cas-a*, *cas-ona*, *cas-erío*.

59. Separa las siguientes palabras en morfemas y especifica cuál es la raíz y cuáles son los afijos:

frutería	cerrajero	doctoras	cantante
maestra	perrera	afilador	saltarín

60. Combina las raíces de la izquierda con las de la derecha y forma palabras nuevas:

abre	teje	día	corchos
traga	saca	vela	latas
medio	duerme	luz	maneje

61. Añade afijos a las siguientes raíces y forma todas las palabras que puedas:

vend-	rat-	mes-	libr-
deriv-	sill-	tens-	camin-

62. Separa la raíz de las palabras y explica su significado (el de la raíz y el de la palabra completa). ¿Qué cambio de significado se produce?

abuelo/abuela	carreta/carretera
tesoro/tesoros	vestido/vestuario

2 Dime cómo hablas

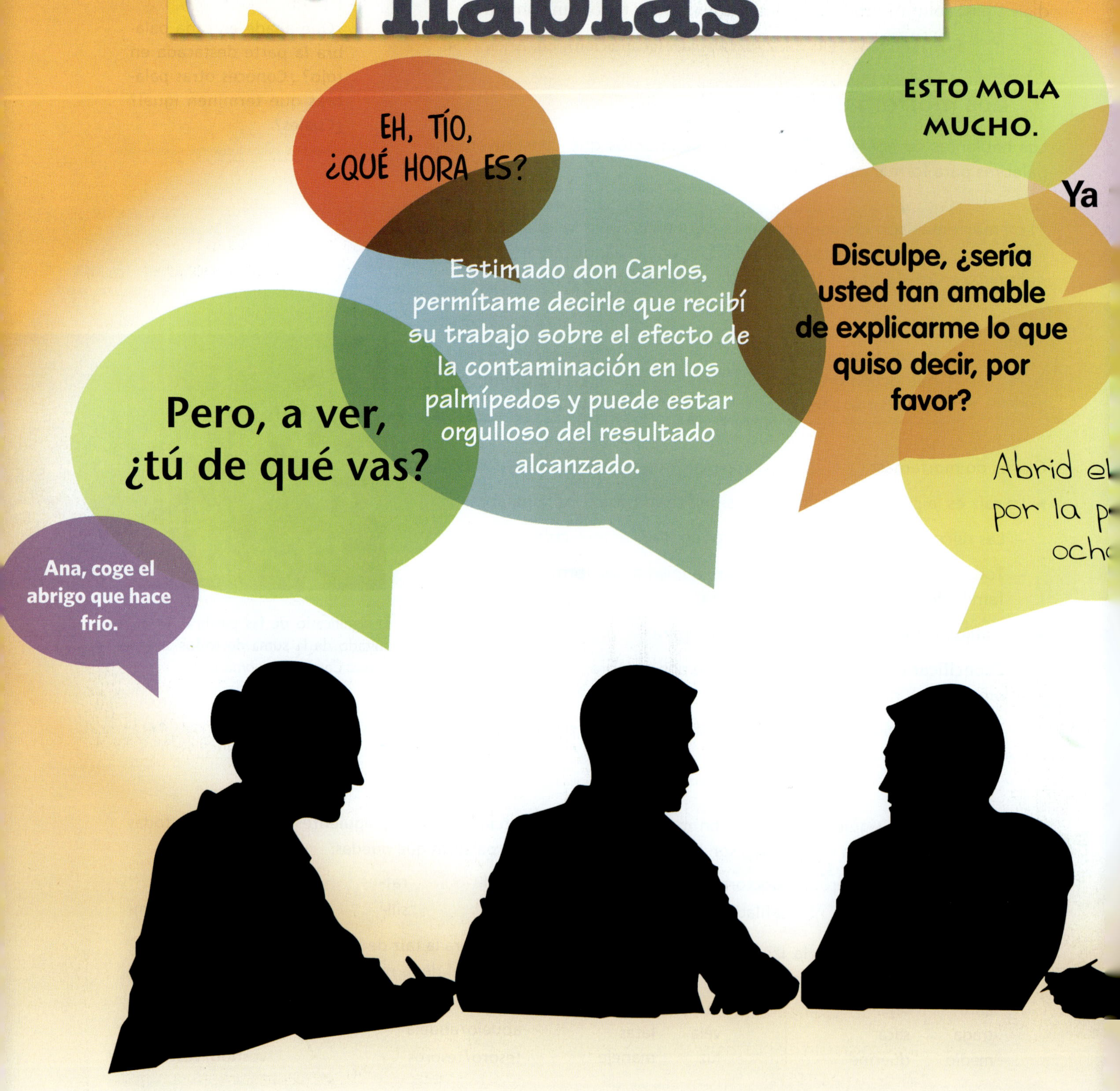

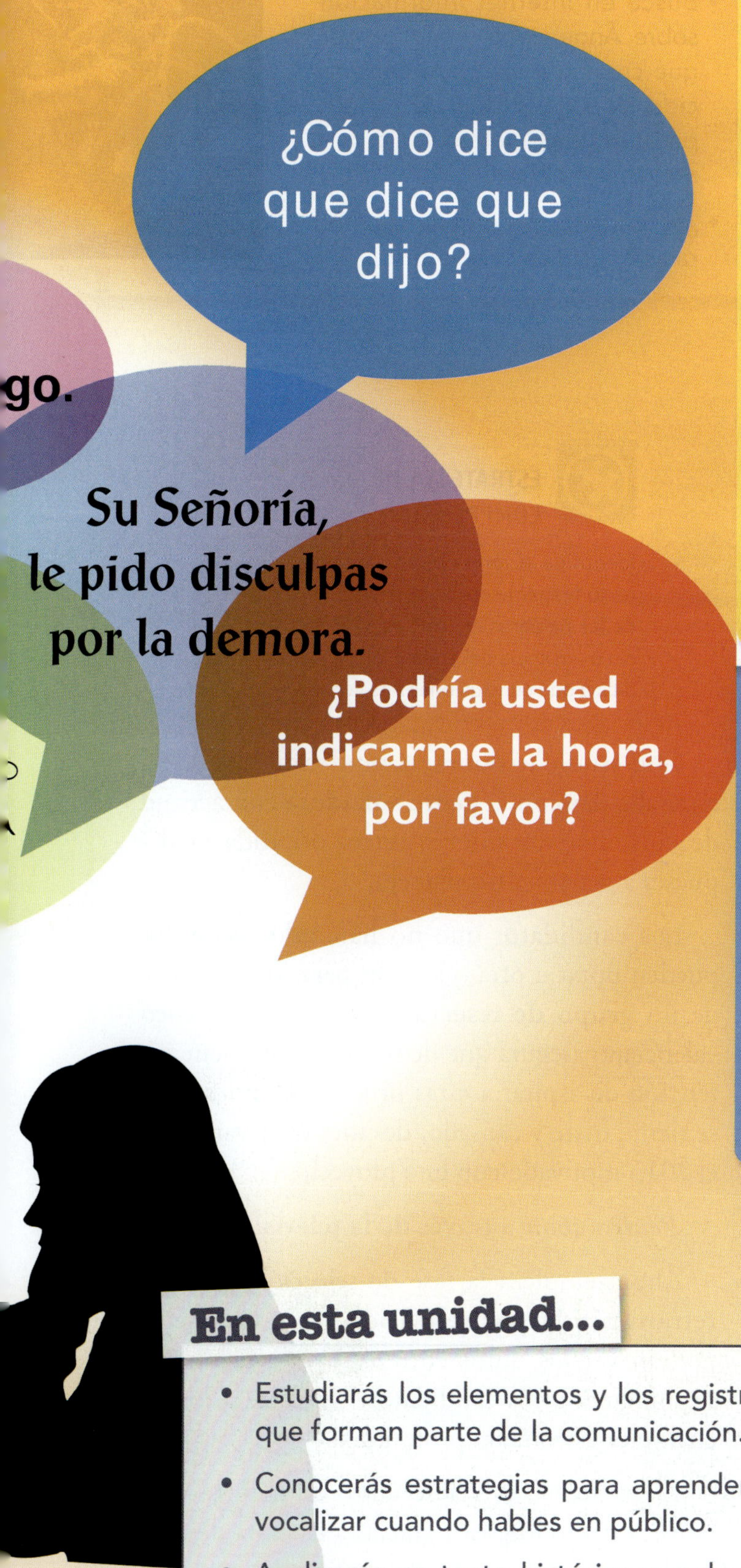

Qué pasaría si...

¡Dejad volar vuestra imaginación!

La clase se dividirá en grupos de cinco y entre todos contestaréis brevemente a estas preguntas:

- ¿Qué pasaría si el barril de agua costara más caro que el de petróleo?
- ¿Qué pasaría si no existiera el dinero?
- ¿Qué pasaría si de pronto los animales se volvieran más inteligentes que las personas?

Poned en común vuestras respuestas y sacad tres ideas que puedan mejorar el mundo en que vivís.

1. ✅ Imagina un contexto y un personaje que podrían ajustarse a cada frase. ¿Qué frase podría pertenecer a la carta de un biólogo a su alumno?
2. Hay dos parejas de frases que quieren decir lo mismo. ¿Cuáles son? ¿Qué las diferencia?
3. ¿Qué bocadillos expresan una orden o petición?
4. Imagina cómo dirías en cada situación:
   - Le preguntas a un amigo cómo está.
   - Le consultas al acomodador de un teatro cómo llegar a tu asiento.

En esta unidad...

- Estudiarás los elementos y los registros que forman parte de la comunicación.
- Conocerás estrategias para aprender a vocalizar cuando hables en público.
- Analizarás un texto histórico y redactarás el tuyo propio.
- Trabajarás uno de los tres grandes temas de la poesía: la vida.
- Examinarás los grupos sintáticos y la concordancia entre las palabras.
- Aprenderás a usar correctamente la *h*.
- Formarás palabras nuevas usando afijos.

Lectura

Antes de leer

"El aburrimiento se cura con la curiosidad; la curiosidad no se cura con nada". Esta es una frase célebre de Dorothy Parker que define el carácter de los seres humanos. De hecho, la curiosidad puede llevar incluso a conquistar mundos hasta ahora solo imaginables en la ficción.

- ¿Por qué crees que algunos países invierten millones en viajes espaciales? ¿Qué persiguen?
- Busca en Internet información sobre Ángel Jané y explica por qué crees que está tan convencido de su decisión de formar parte de la primera colonia permanente en Marte.
- ¿Te embarcarías en una aventura así? Justifica tu respuesta.

Dos españoles, candidatos para viajar a Marte

La nueva fase del proyecto de poblar el planeta rojo con una colonia humana se verá por televisión.

Marta SUÁREZ 16/02/2015

Dos españoles han superado la segunda fase de selección de candidatos para el proyecto Mars One, que pretende enviar a un grupo de 25 personas a **Marte** en el 2025 y formar la primera **colonia humana** que habitará el **planeta rojo**.

El astrofísico valenciano **José Vicente Díaz Martínez**, en cambio, no ha podido superar la **entrevista personal** de 15 minutos en inglés. "Pensaba que podía pasar", ha señalado Díaz, aunque reconoce que era complicado con 650 candidatos para el proyecto, de los cuales solo 100 podían pasar. El listado oficial con los nombres de los elegidos ha sido publicado este lunes y está integrado por 50 mujeres y 50 hombres, entre ellos los dos españoles, un físico y un técnico de energía solar.

En la entrevista respondieron a **preguntas técnicas** sobre tecnología y el planeta Marte, y a otras preguntas **personales**, como la opinión de su familia respecto a su implicación en el proyecto.

ESTRATEGIA DE COMPRENSIÓN

Identifica el tono objetivo o subjetivo del texto fijándote en los adjetivos, en el orden de las palabras en las frases, en la presencia o ausencia del emisor, etc. Después, indica a qué conclusiones has llegado.

Con estas cuestiones, la fundación holandesa esperaba dar con la **gente soñadora** con actitud de enfrentarse a nuevos retos, decidida y dispuesta a viajar a otro planeta.

Los candidatos que no han sido escogidos pueden optar a otra selección para formar parte de un **grupo de reserva**, aunque el astrofísico valenciano asegura que de momento no tiene intención de aspirar a estas pruebas. Confiesa que se siente triste y cansado, después de llevar desde el 2013 motivado con este proyecto.

Reality show a través de la televisión

Ahora empieza la fase de selección que será **retransmitida por televisión**. En esta fase se podrán ver los duros entrenamientos a los que se someterá a los candidatos, similares a los de cualquier astronauta profesional.

El proyecto "es viable tanto de manera económica como logística gracias a la suma de proveedores y expertos en exploración del espacio".

Estas son las palabras de la empresa en la web. "La idea es financiar el grueso del proyecto con la venta de derechos de transmisión de un ***reality show*** que empezará a emitirse ya en la etapa de selección y podría convertirse en el mayor evento mediático a escala global".

Mars One evalúa el **coste** del primer vuelo en torno a los **6000 millones de dólares**. Después se enviarán nuevos astronautas cada dos años, con un coste de 4000 millones de dólares por viaje, hasta llegar a formar la colonia de 25 humanos.

Además, aseguran que el coste sería significantemente reducido al no haber un viaje de vuelta. Los elegidos **abandonarán la Tierra para siempre** y pasarán el resto de sus vidas en el planeta rojo, una decisión que conlleva sus riesgos teniendo en cuenta que, por el momento, el cuerpo humano no puede tolerar la **radiación** existente en Marte más de cinco años.

Desde el principio del proyecto, la compañía ha dejado muy clara esta idea a todos los candidatos, quienes aceptan las condiciones de buen grado.

Marta SUÁREZ: "Dos españoles superan la segunda fase de selección para viajar a Marte sin posibilidad de retorno" (adaptación), 16 de febrero de 2015, *El Periódico*. Web [Consulta: 6 de octubre de 2015].

Comprensión lectora

Localiza

1. ¿Qué es el proyecto Mars One?

2. ¿En qué consiste la prueba de selección?

3. ¿Qué papel juega la televisión en todo esto?

Interpreta

4. En un viaje así, ¿qué cualidades crees que se valoran más a la hora de elegir candidatos?

- ☐ Formación técnica
- ☐ Fortaleza física
- ☐ Entusiasmo hacia el proyecto
- ☐ Preparación, fuerza y convicción

5. ¿Por qué han elegido el formato de un *reality show* para dar a conocer este proyecto científico?

6. Fíjate en la fotografía que acompaña el texto. ¿Qué representa? ¿Qué relación tiene con la noticia?

Valora

7. ¿Por qué en esta noticia están resaltados en negrita algunos conceptos?

8. Elige la afirmación que consideres más adecuada. Este tipo de viajes...

- ☐ Son imprescindibles para nuestro futuro.
- ☐ Son demasiado ambiciosos porque antes deberían solucionarse problemas de supervivencia en la Tierra.
- ☐ No ofrecen ningún interés para el ser humano.

Busca en Internet la controversia que ha generado esta noticia y comentadla en clase. ¿Cuál es tu opinión acerca de la viabilidad del proyecto?

9. ¿Qué tono tiene esta noticia? Justifica tu respuesta:

- ☐ misterioso
- ☐ fantástico
- ☐ trágico
- ☐ realista

La comunicación (II)

1. Los elementos de la comunicación

Todo acto de comunicación, hablado o escrito, se produce en una situación determinada en la que intervienen varios factores sin los cuales no es posible el intercambio de información.

- Un **emisor** inicia el acto comunicativo cuando quiere transmitir un **mensaje**. Para ello selecciona un **código** (conjunto de signos y reglas que permiten crear mensajes) adecuado para transmitir la información. Los códigos más habituales son los verbales, aunque también existen otros códigos que son no verbales (gestos, miradas, imágenes, etc.).
- El mensaje se transmite por un medio físico determinado llamado **canal** (teléfono, carta, ordenador, etc.), y el **receptor** (el que recibe el mensaje) lo descodifica para interpretar la información y poder responder.
- Todo acto de comunicación se produce en un **contexto**, es decir, en unas circunstancias temporales, espaciales y socioculturales determinadas que permiten interpretar el mensaje en su totalidad.

Recuerda que:

El **lenguaje oral** es mucho más sencillo y expresivo que el **lenguaje escrito** gracias a la comunicación no verbal.

Descodificar un mensaje significa comprenderlo.

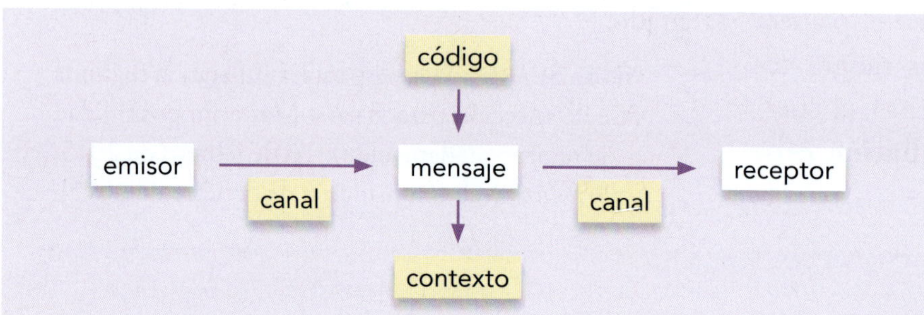

10. Observa los emoticonos y reflexiona sobre:

- El significado de cada uno.
- La persona a quien se los mandarías.
- El canal por el que los enviarías.
- El contexto donde los utilizarías.

11. Observa la imagen de la derecha de un blog y realiza las actividades siguientes:

a. ¿Quién puede ser la persona, personas o empresa (emisor) que crea una página de estas características?

b. ¿Qué medio (canal) utiliza? ¿Qué objetivo tiene el texto (mensaje)?

c. ¿A quién o a quiénes (receptor) va dirigido? ¿Son receptores expertos en el uso de las tecnologías? ¿Por qué lo crees?

d. ¿Qué circunstancias (contexto) pueden rodear este acto de comunicación?

e. Reflexiona sobre si este mensaje tendría sentido en determinados lugares del mundo donde las tecnologías de la información y la comunicación no están desarrolladas. Razona tu respuesta.

GCF Aprende Libre. Web [Consulta: 5 de noviembre de 2015].

2. ¿Qué es la comunicación eficaz?

El emisor debe adaptar el mensaje al receptor para que la comunicación tenga éxito. Por ejemplo, un profesor de matemáticas no hablará de la misma manera sobre la materia con sus colegas de profesión que con sus alumnos.

La **comunicación eficaz** exige, además, que el emisor adapte el mensaje al contexto en que se produce el intercambio de la información: no es lo mismo conversar en clase que en una tertulia literaria, por ejemplo.

De esta manera, el emisor puede elaborar el mensaje usando distintos **registros lingüísticos**:

- **Registro formal**: uso cuidado del lenguaje. Puede ser:
  - **Culto**: lenguaje riguroso, propio de personas instruidas.
  - **Estándar**: respeta la norma, pero es menos rígido que el registro culto.
- **Registro informal**: uso menos elaborado del lenguaje. Puede ser:
  - **Coloquial**: la pronunciación es más relajada y tiene muy en cuenta el lenguaje no verbal.
  - **Vulgar**: no respeta la norma y se caracteriza, entre otras cosas, por la pobreza léxica.

No hablamos igual cuando estamos con los amigos que cuando nos dirigimos a los profesores. El emisor tiene que adaptar el mensaje al receptor al que se dirige y al contexto en el que tiene lugar.

12. Justifica cuál es el fallo que se produce en una situación comunicativa que tiene como emisor a un ejecutivo que está hablando sobre economía y como receptores a niños de cuatro años:

13. Lee atentamente esta nota de un hijo a su madre y realiza las actividades en tu cuaderno:

Estimada mamá:

Solicito que me dé permiso para regresar al domicilio familiar una hora más tarde de lo que suele ser habitual el sábado de la semana entrante.

Será un día especial para el grupo de amigos, pues es la onomástica de Juan.

a. Explica los motivos por los que nunca te dirigirías así a tu madre o a un familiar cercano.

b. Marca las palabras, frases u oraciones que no forman parte del registro coloquial.

c. Adapta el mensaje a la situación comunicativa.

14. Lee los siguientes textos y justifica dónde podrían tener lugar: en la lengua oral o en la escrita. A continuación, contesta a las preguntas:

TEXTO 1

Pues... no sé... ¿Sabes lo que creo? Pues creo que definitivamente no ha encontrado a su media naranja. Que no, que te lo digo yo que no la ha encontrado...

TEXTO 2

Me pongo en contacto con usted porque he notado un comportamiento extraño en mi hija. Desearía que me recibiera para hablar de ello con sosiego y tranquilidad. Espero una pronta respuesta.

a. ¿A qué registro corresponden?

b. ¿Qué relación hay entre emisor y receptor?

c. ¿Crees que esa relación es un factor determinante para seleccionar un registro u otro? ¿Por qué?

1 Identificar espacios

Relaciona cada imagen con una ambientación sonora y justifica tu respuesta:

a

...

b

...

c

...

2 Analizar textos

Escucha los textos y completa en tu cuaderno la siguiente tabla:

	Texto 1	Texto 2	Texto 3
¿De qué trata el texto?	...	...	...
¿De quién es la voz que habla?	☐ De un narrador externo ☐ De un protagonista de los hechos que se narran	☐ De un narrador externo ☐ De un protagonista de los hechos que se narran	☐ De un narrador externo ☐ De un protagonista de los hechos que se narran
¿Cómo es la voz del narrador?	☐ Objetiva ☐ Subjetiva	☐ Objetiva ☐ Subjetiva	☐ Objetiva ☐ Subjetiva
Según la entonación, ¿cómo habla la voz del narrador?	☐ En serio ☐ En broma ☐ Con enfado ☐ Con miedo ☐ Con alegría	☐ En serio ☐ En broma ☐ Con enfado ☐ Con miedo ☐ Con alegría	☐ En serio ☐ En broma ☐ Con enfado ☐ Con miedo ☐ Con alegría
Según el tono de la narración, el narrador...	☐ Refleja la realidad con objetividad. ☐ Pretende crear diversas emociones en el oyente. ☐ Busca que el oyente se identifique con lo que se narra. ☐ Busca que el oyente sienta rechazo o aversión por algo. ☐ Hace entrar al oyente en el mundo de la fantasía.	☐ Refleja la realidad con objetividad. ☐ Pretende crear diversas emociones en el oyente. ☐ Busca que el oyente se identifique con lo que se narra. ☐ Busca que el oyente sienta rechazo o aversión por algo. ☐ Hace entrar al oyente en el mundo de la fantasía.	☐ Refleja la realidad con objetividad. ☐ Pretende crear diversas emociones en el oyente. ☐ Busca que el oyente se identifique con lo que se narra. ☐ Busca que el oyente sienta rechazo o aversión por algo. ☐ Hace entrar al oyente en el mundo de la fantasía.

3 Vocalizar para que nos entiendan

Para que los demás oigan y entiendan sin esfuerzo lo que decimos, es preciso vocalizar cuando hablamos. **Vocalizar** es articular con precisión las palabras, es decir, es hablar con claridad. Para ello tienes que evitar hablar con la boca demasiado cerrada o en un tono muy bajo.

La garganta y la boca, junto con las cuerdas vocales y la cavidad bucal, forman el más delicado instrumento de los cantantes y actores.

a. Lee en voz alta el texto siguiendo estos consejos:

1. Levanta la cara.
2. Carraspea y limpia tu garganta.
3. Abre bien la boca.
4. Silabea de forma exagerada, primero despacio y luego deprisa.

Mozart nació el 27 de enero de 1756 en Salzburgo, Austria [...]. Fue el último hijo de Leopold Mozart, músico al servicio del príncipe arzobispo de Salzburgo.

Wolfgang y su hermana mostraron asombrosas facultades para la música desde pequeños. El compositor, ya a los cuatro años, practicaba el clavicordio y componía pequeñas canciones y minuetos, y a los seis tocaba con destreza el clave y el violín. Podía leer música a primera vista, tenía una memoria prodigiosa y una gran capacidad para improvisar frases musicales. No era un niño como los demás.

"Vida de Mozart", *Teleformación*. Web [Consulta: 18 de septiembre de 2015].

b. Ahora, practica la correcta vocalización con este poema añadiendo a los consejos anteriores estos otros:

1. Evita comerte letras, sobre todo la ***s*** final.
2. Intenta dar la entonación y el ritmo adecuados.

La guitarra

Empieza el llanto
de la guitarra.
Se rompen las copas
de la madrugada.
Empieza el llanto
de la guitarra.
Es inútil callarla.
Es imposible
callarla.
Llora monótona
como llora el agua,
como llora el viento
sobre la nevada.
Es imposible
callarla.
Llora por cosas
lejanas.
Arena del Sur caliente
que pide camelias blancas.
Llora flecha sin blanco,
la tarde sin mañana,
y el primer pájaro muerto
sobre la rama.
¡Oh, guitarra!
Corazón malherido
por cinco espadas.

Federico García Lorca

c. Graba tus lecturas y valora cómo lo has hecho.

ESCRIBO

1 Comprender un texto histórico

Lee el texto siguiente y contesta, en tu cuaderno, a las preguntas que hay a continuación:

Hasta hace poco, irlandeses e ingleses se podían considerar distintos gracias a la creencia en un origen racial diferente: los primeros eran descendientes de los celtas y los últimos, de los anglosajones. Lo curioso de estos argumentos, muy similares en otras culturas, es que se atribuye a la "sangre" de un pueblo del pasado una herencia psicológica en el presente; sin embargo, el ADN parece estar poco dispuesto a avalar esas teorías.

Párrafo que hace referencia a un hecho actual

Contrariando a unos y a otros, Stehen Oppenheimer publicó en 2007 el resultado de sus investigaciones genéticas, y de acuerdo con estas, los antepasados comunes de todos los británicos fueron *Homo sapiens* procedentes del Norte de lo que hoy es España. Debieron llegar a las islas Británicas hace unos 16 000 años, cuando aún no eran tales, ya que estaban unidas al continente. Más de la mitad de los genes de aquellos primeros "invasores" siguen presentes en los actuales galeses, escoceses, ingleses e irlandeses.

¿Sorprendido? Aún hay más. Un estudio divulgativo a principios de septiembre de 2011 sostiene que el 70 % de los varones británicos y españoles y la mitad de los de Europa están emparentados con el faraón egipcio Tutankamón, cuyo ancestro común vivía hace unos 9 500 años... ¡en el Cáucaso!

Párrafos que conectan el pasado con el presente, explicación de datos e investigaciones reales

En cualquier caso, si miramos lo más atrás posible, solo encontraremos una cuna común, tanto para los homínidos anteriores al *Homo sapiens* como para nuestros antepasados directos: África. Y, según las últimas investigaciones, Sudáfrica.

Conclusión

Fernando GARCÉS BLÁZQUEZ: *La historia de España sin los trozos aburridos* (adaptación) Ed. Ariel, 2013.

a. ¿A quién crees que se dirige el autor al escribir este texto: a un público especializado o a uno no especializado? ¿Por qué lo crees así? Subraya las palabras, frases u oraciones que te llevan a pensar de esta manera.

b. ¿Cómo dirías que es el registro de este texto: formal, informal, culto...? Subraya las palabras, frases u oraciones que lo justifiquen.

c. En el primer párrafo se especifica el motivo que justifica todo el texto. ¿Cuál es ese motivo? Explícalo con tus propias palabras en tu cuaderno.

d. Relee el texto y subraya las frases u oraciones principales (no más de una por párrafo). Después, una vez completada la tabla, haz un resumen fijándote únicamente en la columna de la derecha:

Párrafo 1.º	Motivo del texto	...
Párrafo 2.º	1.ª investigación	...
Párrafo 3.º	2.ª investigación	...
Párrafo 4.º	Conclusión	...

El *Homo sapiens* apareció en África oriental hace unos 200 000 años, y se expandió por Asia, Oceanía, Europa (hace unos 40 000) y América.

2 Escribir un texto histórico

Una vez realizada la actividad anterior, escribe un texto histórico. Para ello, realiza las actividades que tienes a continuación:

a. Lee estos textos históricos:

TEXTO 1

En el reino nazarí se desarrolló una cultura que alcanzó su máxima expresión en las artes suntuarias y decorativas y en la arquitectura palaciega, como refleja el espléndido conjunto de la Alhambra.

Pero su supervivencia hasta 1492 se debió, más que a su propia fortaleza, a las querellas internas y disputas dinásticas que vivió el reino castellano desde la segunda mitad del siglo XIV.

A partir de 1481, los Reyes Católicos, consolidados en sus tronos, iniciaron la conquista definitiva.

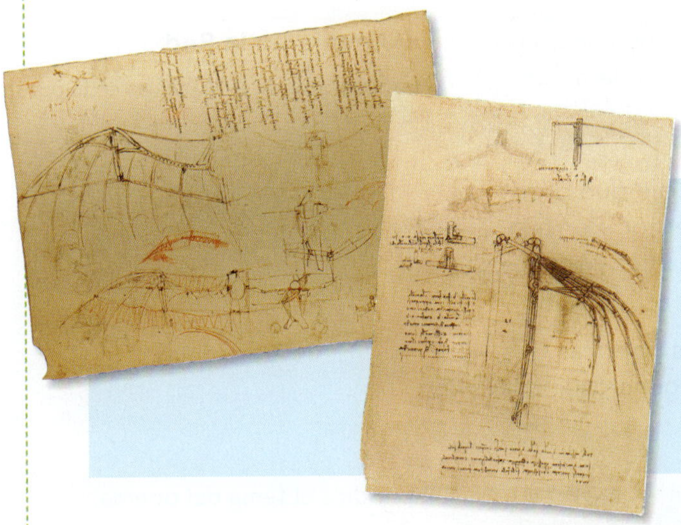

TEXTO 2

Muchos de los dibujos de Leonardo da Vinci demuestran la obsesión del gran artista por volar.

Sus diseños para la máquina voladora se inspiran en la anatomía de las aves y describen un artefacto que iría sobre la espalda del hombre, quien sería el encargado de mover las alas.

b. Busca en libros o en Internet toda la información que puedas sobre la Alhambra y Leonardo da Vinci y los hechos referidos en los textos.

c. Relaciona cada uno de los acontecimientos históricos con algún hecho actual. No tiene por qué ajustarse literalmente a lo que se dice; piensa en el texto que has leído en la página anterior donde el autor parte de una creencia errónea de los actuales irlandeses e ingleses para contar los descubrimientos sobre el ADN.

Puedes hacerte preguntas como esta:

– ¿Se parece Leonardo da Vinci a Steve Jobs, el creador de Apple, por su imaginación y valentía?

d. Realiza un esquema previo antes de ponerte a escribir. Piensa a quién lo vas a dirigir, el tono que vas a emplear, qué quieres conseguir..., y comienza a escribir siguiendo el ejemplo de la actividad anterior y aportando toda la información que posees. Por ejemplo: *Hasta hace poco, a Steve Jobs se le consideraba un iluminado... Actualmente, muchos piensan...*

e. Deja que revise tu texto algún compañero o compañera de clase y que haga anotaciones con el objetivo de mejorar tu trabajo.

f. Reescribe el texto teniendo en cuenta sus recomendaciones.

El género lírico (I)

Símbolo

Llega una mano de oro luciendo un diamante,
una mano de hierro gobernando unas riendas,
una mano de niebla donde canta una alondra:
yo las dejo pasar.

Llega una mano roja empuñando una espada,
llega una mano pálida llevando una amatista,
llega una mano blanca que ofrece una azucena:
yo las dejo pasar.

Llega una mano sucia que sujeta un arado:
la tomo entre las mías y nos vamos a arar.

Ángela FIGUERA

15. ¿Cuál es el tema del poema?
16. Fíjate en el título. ¿Qué crees que simbolizan las distintas manos: la de oro, la de hierro, la de niebla...?
17. ¿Qué quiere decir el yo poético con "yo las dejo pasar"?
18. Subraya aquellas palabras que aluden a los sentidos de la vista, el tacto y el oído.
19. ¿Con qué personas se solidariza la poeta? ¿Cómo has llegado a esa conclusión?

1. Los temas de la poesía

La **poesía lírica** trata todos los temas que interesan al ser humano: la vida con sus problemas y satisfacciones, la libertad, el amor, la muerte, la amistad, la crítica, el humor, el paso del tiempo...

Amplía en la Red...

Para saber más sobre los temas de la poesía, entra en www.tiching.com/738986.

La particularidad de la poesía lírica es que utiliza un lenguaje que busca la emoción y pretende quedarse en la memoria del receptor. Por ello, los poemas frecuentemente son breves y contienen bastantes recursos de ritmo y repetición.

Tradicionalmente, los poetas utilizan determinadas **formas poéticas** que les sirven para expresar mejor sus emociones. Son los subgéneros líricos como la canción, la epístola, la oda y la elegía.

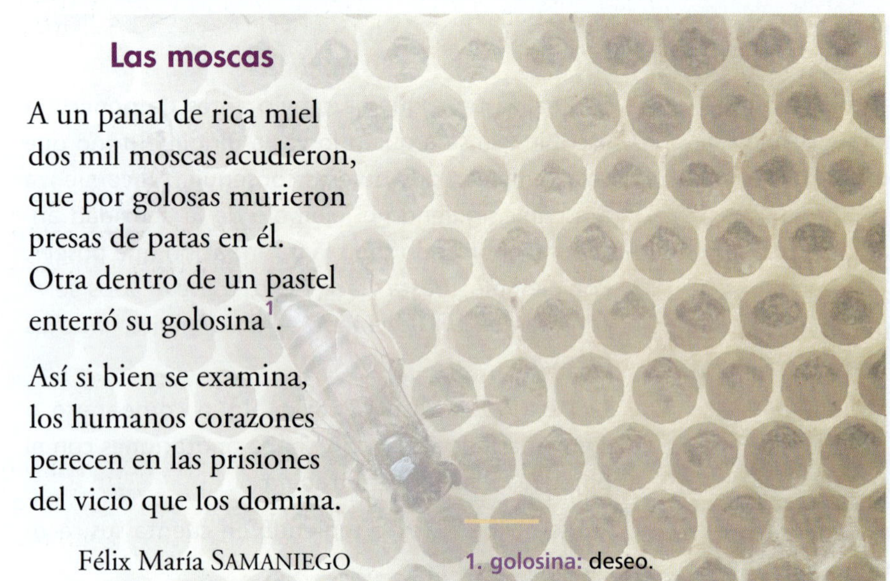

Las moscas

A un panal de rica miel
dos mil moscas acudieron,
que por golosas murieron
presas de patas en él.
Otra dentro de un pastel
enterró su golosina[1].

Así si bien se examina,
los humanos corazones
perecen en las prisiones
del vicio que los domina.

Félix María SAMANIEGO

1. golosina: deseo.

20. Indica el tema del poema.
21. El poema tiene dos partes diferenciadas. ¿Cuáles son?
22. ¿Por qué acuden las moscas a lo dulce? ¿Qué consejos puede extraer el lector?
23. ¿Cuál de los dos poemas que acabas de leer te parece más serio: "Las moscas" o "Símbolo"? ¿Por qué?
24. Fíjate en el número de sílabas de los versos de ambos poemas. ¿Tiene alguna relación el tipo de verso con el tema tratado? ¿Cuál?

2. Un canto de libertad

La **canción** siempre se ha considerado un tipo de poema muy apropiado para hablar del amor por su lenguaje sencillo y su musicalidad.

Sin embargo, este no es el único tema del que se ocupa: son también muy numerosas las canciones que versan sobre la crítica social, acompañan el trabajo o exaltan sentimientos como la libertad.

La canción contiene elementos que facilitan el canto, como, por ejemplo, numerosas repeticiones y estribillos que aumentan el ritmo y favorecen su memorización.

@ Amplía en la Red...

Para leer poemas sobre la libertad, entra en www.tiching.com/739231.

Libertad

Sobre mis cuadernos de colegial,
sobre el pupitre y los árboles,
sobre la arena, sobre la nieve,
escribo tu nombre.

Sobre todas las páginas leídas,
sobre todas las páginas en blanco,
piedra, sangre, papel o ceniza,
escribo tu nombre. [...]

Sobre la selva y el desierto,
sobre los nidos, sobre las retamas[1],
sobre el eco de mi infancia,
escribo tu nombre. [...]

Sobre los campos, sobre el horizonte,
sobre las alas de los pájaros
y sobre el molino de las sombras,
escribo tu nombre. [...]

Y por el poder de una palabra
reinicio mi vida.
Nací para conocerte,
para nombrarte.
Libertad.

Paul ÉLUARD (fragmento)

1. **retama:** mata de ramas delgadas y escasas hojas con flores amarillas y cuyo fruto es una vaina con una semilla negruzca.

25. ¿De qué trata la canción de Paul Éluard?

26. Cambia el último verso y sustitúyelo por el nombre de alguien de tu familia o por quien sientas cariño, amor o amistad. ¿Qué ha sucedido? ¿Te sirven los mismos versos aunque ahora hayan cambiado de significado? ¿Qué conclusiones sacas?

27. Subraya la anáfora y el estribillo que se repiten a lo largo de toda la canción.

28. Ahora, reescribe el poema a tu gusto manteniendo solamente la anáfora y el estribillo. Cambia también el último verso para que sea coherente con el poema que estás componiendo.

3. El tema de la vida

La vida, con sus alegrías, dificultades y problemas, suele expresarse en poemas que, con versos solemnes, hablan de asuntos profundos como la alabanza o el recuerdo de un amigo, o los consejos a un joven que se enfrenta a la vida.

La **epístola** y la **oda** son las formas que los poetas han utilizado tradicionalmente para hablar de ellos.

La **epístola** es una carta en verso en la que el autor expresa sus convicciones y, en algunas ocasiones, da consejos al lector.

La **oda** es una composición de alabanza a personas o a objetos donde se destacan sus cualidades.

If...

Si guardas en tu puesto la cabeza tranquila,
cuando todo a tu lado es cabeza perdida.
Si tienes en ti mismo una fe que te niegan
y no desprecias nunca las dudas que ellos tengan.

Si esperas en tu puesto, sin fatiga en la espera.
Si engañado, no engañas.
Si no conoces más odio que el odio que te tengan.
Si eres bueno y no finges ser mejor de lo que eres.
Si al hablar no exageras lo que sabes y quieres.

Si sueñas y los sueños no te hacen su esclavo.
Si piensas y rechazas lo que piensas en vano.
Si alcanzas el triunfo o llega tu derrota
y a los dos impostores los tratas de igual forma.

Si logras que se sepa la verdad que has hablado,
aunque esparza mentiras el vulgo[1] degradado.
Si vuelves al comienzo de la obra perdida,
aunque esta obra sea la de toda tu vida. [...]

Si logras que tus nervios y el corazón te asistan
aún después de su fuga, en tu cuerpo en fatiga,
y se agarren contigo, cuando no quede nada,
porque tú lo deseas, lo quieres y mandas. [...]

Si nadie, aunque lo pretenda, logra hacerte una herida.
Si todos te reclaman, y ninguno te precisa. [...]

Si llenas el minuto inolvidable y cierto,
de sesenta segundos que te llevan al cielo,
todo lo de esta tierra será de tu dominio,
y, mucho más aún...
¡Serás un hombre, hijo mío!

Rudyard KIPLING (fragmento)

1. **vulgo:** conjunto de personas del pueblo.

29. La palabra *epístola* significa "carta", y como toda carta tiene un autor y un destinatario. ¿Quiénes son el emisor y el receptor en este poema?

30. Subraya los versos que más te han gustado y explica por qué los has elegido.

31. Continúa esta epístola de Rudyard Kipling con cuatro versos más que empiecen con "Si..." y que reflejen tu forma de ver la vida.

El niño yuntero[1]

Carne de yugo, ha nacido
más humillado que bello,
con el cuello perseguido
por el yugo para el cuello.

Nace, como la herramienta,
a los golpes destinado,
de una tierra descontenta
y un insatisfecho arado[2].

Entre estiércol puro y vino
de vacas, trae la vida
un alma color de olivo
vieja ya y encallecida.

Empieza a vivir, y empieza
a morir de punta a punta
levantando la corteza
de su madre con la yunta.

Empieza a sentir y siente
la vida como una guerra,
y a dar fatigosamente
en los huesos de la tierra.

Contar sus años no sabe,
y ya sabe que el sudor
es una corona grave
de sal para el labrador.

Trabaja, y mientras trabaja
masculinamente serio,
se unge[3] de lluvia y se alhaja[4]
de carne de cementerio.

A fuerza de golpes, fuerte,
y a fuerza de sol, bruñido[5],
con una ambición de muerte
despedaza un pan reñido.

Cada día nuevo es
más raíz, menos criatura,
que escucha bajo sus pies
la voz de la sepultura.

Y como raíz se hunde
en la tierra lentamente
para que la tierra inunde
de paz y panes su frente.

Me duele este niño hambriento
como una grandiosa espina,
y su vivir ceniciento[6]
revuelve mi alma de encina. [...]

Miguel HERNÁNDEZ (fragmento)

1. **yuntero:** persona que labra la tierra con una yunta (dos animales de tiro que sirven para arar el campo).
2. **arado:** herramienta para labrar.
3. **ungir:** untar con algo, especialmente óleo sagrado, a alguien.
4. **alhajar:** adornar con joyas.
5. **bruñido:** reluciente.
6. **ceniciento:** de color ceniza, gris.

COMPRENDO EL TEXTO

32. Lee el poema en voz alta y explica de qué trata.

33. ¿Cómo define el poeta al niño que tiene que trabajar para poder comer? Busca el significado de la palabra *yugo* en el diccionario de la RAE y explica en tu cuaderno qué quiere decir el autor con la metáfora "carne de yugo".

34. Hay un momento en que Miguel Hernández alude a la muerte: ¿en qué versos? ¿Qué crees que denuncia el poeta en estos versos?

REFLEXIONO SOBRE EL TEXTO

35. ¿Cuántas estrofas tiene el poema? ¿Cuántas sílabas por verso? ¿Cómo es la rima?

36. ¿En qué crees que se parece el sudor a una corona de sal? ¿Por qué el sudor es la única corona que pueden llevar los trabajadores?

37. Fíjate en las expresiones destacadas en rojo y señala si son metáforas o comparaciones.

38. Construye otra metáfora para definir a estos niños explotados y una comparación como la de la segunda estrofa para representar a los pequeños.

39. Valora el uso del lenguaje poético en esta composición: las repeticiones, los términos opuestos, los adjetivos que se relacionan por su significado…

40. Diferencia las dos partes del poema: la que describe al niño y la que expresa la queja del poeta.

Los grupos de palabras

Las medias de los flamencos

Cierta vez, las víboras dieron un gran baile. Invitaron a las ranas y a los sapos, a los flamencos y a los yacarés[1] y a los pescados.

Las ranas se habían perfumado todo el cuerpo, y caminaban en dos pies. Además, cada una llevaba colgada, como un farolito, una luciérnaga[2] que se balanceaba.

Pero las que estaban hermosísimas eran las víboras. Todas, sin excepción, estaban vestidas con traje de bailarina, del mismo color de cada víbora. Las víboras coloradas llevaban una pollerita[3] de tul colorado; las verdes, una de tul verde; las amarillas, otra de tul amarillo; y las yararás[4], una pollerita de tul gris pintada con rayas de polvo de ladrillo y ceniza, porque así es el color de las yararás.

Y las más espléndidas de todas eran las víboras de coral, que estaban vestidas con larguísimas gasas rojas, blancas y negras, y bailaban como serpentinas. Cuando las víboras daban vueltas apoyadas en la punta de la cola, todos los invitados aplaudían como locos.

Horacio QUIROGA: *Anaconda y otros cuentos de la selva* (adaptación), ilustrado por Ángel Domínguez. Ed. Vicens Vives, 2015.

1. **yacaré:** caimán que vive en los ríos.
2. **luciérnaga:** insecto cuyas hembras emiten una luz por la noche.
3. **pollera:** falda.
4. **yarará:** víbora muy venenosa.

41. ¿Quiénes convocan el baile y dónde?

42. ¿Cómo se presentan vestidas las ranas? ¿Y las víboras? ¿Qué color puede ser el del ladrillo? ¿Y el de la ceniza? ¿De qué color son las yararás?

43. En el último párrafo hay una figura literaria: la comparación. Escríbela y destaca los dos elementos de la comparación y el nexo que los une.

44. Escribe cuál es el género y el número de estos grupos de palabras y justifica tu respuesta:

- las víboras
- los flamencos
- cada víbora

45. ✅ Escribe en qué número y persona están los verbos de estas oraciones. Después, señala el sujeto y sustitúyelo por el pronombre que corresponda:

– Las ranas caminaban.
– Los invitados aplaudían.

1. El sujeto y el predicado

Si observas el texto anterior, verás que las palabras se relacionan unas con otras formando oraciones:

Cierta vez	*las víboras*	*dieron un gran baile.*
Predicado	Sujeto	Predicado

El **sujeto** y el **predicado** son los dos grupos de palabras básicos en toda **oración**.

Recuerda que:

Las **oraciones** son enunciados con sentido completo formadas por dos grandes grupos de palabras: el **sujeto** y el **predicado**. Todo lo que no es sujeto es predicado.

2. La concordancia

Las palabras se agrupan unas con otras para obtener significados más amplios: *mesa* ⟶ *la mesa* ⟶ *la mesa espaciosa*. Observa lo que tienen en común muchas de las palabras que forman los grupos de palabras y cómo **concuerdan** entre sí:

- **El género** (masculino/femenino). La principal función del género es marcar la concordancia de los sustantivos o pronombres con los adjetivos, los determinantes y otras palabras con las que se combinan para formar un grupo nominal:

  La casa encantada. *Este asunto desastroso.*

La **concordancia de género** se observa en las palabras que forman un grupo nominal o adjetival.

- **El número** (singular/plural). Es una propiedad de los sustantivos, adjetivos, determinantes, pronombres y verbos:

  Las niñas llegaron contentas del cine.

  La **concordancia** entre el grupo nominal que actúa como **sujeto** y el verbo del **predicado** es tan estrecha que si cambiamos el número del verbo, cambiará el número del GN/Sujeto:

  El pez se escabulló de la red. ⟶ *Los peces se escabulleron de la red.*

La **concordancia de número** se observa en las distintas palabras que forman un grupo nominal o adjetival, y también entre el sujeto y el predicado de una oración.

- **La persona gramatical**. Hay tres personas gramaticales: 1.ª (yo, nosotros, nosotras), 2.ª (tú, vosotros, vosotras) y 3.ª (él, ellos, ellas).

  El sustantivo impone el número y la persona al verbo que lo acompaña:

Estos baúles	*llegaron*	*ayer.*	*Mi amigo*	*compró*	*caramelos.*
(*ellos:* 3.ª pers. pl.)	(*ellos:* 3.ª pers. pl.)		(*él:* 3.ª pers. sing.)	(*él:* 3.ª pers. sing.)	

Concordar: unir con una cuerda.

El **género**, el **número** y las **desinencias verbales** son cuerdas que atan las palabras entre sí y consiguen que concuerden unas con otras en los grupos de palabras.

@ Amplía en la Red...

Para saber más sobre la concordancia, entra en www.tiching.com/737586.

46. Señala qué palabras presentan concordancia de género y número en los siguientes grupos de palabras y qué palabras no la presentan:

- Las maravillosas películas de terror.
- Los caminos hacia mi casa.

47. ¿Qué sucede con las palabras que van precedidas de preposición de la actividad anterior? ¿Concuerdan con las demás palabras del grupo? Deduce una regla gramatical que recoja lo que has descubierto de estas palabras precedidas de preposición.

48. Sustituye el sujeto de las siguientes oraciones por el pronombre que les corresponda. Señala el número y la persona de los verbos. ¿Coinciden con los de los pronombres?

- Esos deportistas llegarán muy lejos.
- Miguel no subió al Teide con nosotros.

49. Construye tres grupos de palabras que contengan un determinante, un sustantivo, un adjetivo y otro tipo de palabra precedida de preposición. ¿Cómo concuerdan entre sí?

3. Los grupos sintácticos

Un **grupo sintáctico** está formado por una palabra o un grupo de palabras cohesionadas alrededor de un núcleo que les da nombre.

Según su **núcleo**, el grupo sintáctico se llama:

- **Grupo nominal** (**GN**). Su núcleo es un sustantivo: *La hija de mi primo.*
- **Grupo adjetival** (**GAdj**). Su núcleo es un adjetivo: *Muy divertido.*
- **Grupo adverbial** (**GAdv**). Su núcleo es un adverbio: *Arriba del todo.*
- **Grupo verbal** (**GV**). Su núcleo es un verbo: *Llevó el móvil a Raquel.*
- **Grupo preposicional** (**GPrep**). Está formado por una preposición y una palabra o grupo de palabras que la siguen: *Por mí.*

La frase *El libro de matemáticas* es un grupo nominal formado por distintas palabras cuyo núcleo es un sustantivo.

4. Características de los grupos sintácticos

Los grupos sintácticos poseen las siguientes características:

- **Cohesión**. Las palabras que forman un grupo sintáctico están cohesionadas de tal manera que si intercambiamos el orden de los grupos en la oración, el grupo sintáctico se desplaza en bloque:

  Ayer mi compañera de clase hizo un trabajo estupendo.
  Mi compañera de clase hizo ayer un trabajo estupendo.
  Hizo un trabajo estupendo ayer mi compañera de clase.
  Un trabajo estupendo hizo ayer mi compañera de clase.

- **Dependencia**. La palabra que cohesiona el grupo es el núcleo. Las demás palabras dependen de él y establecen, en algunos casos, relaciones de concordancia:

  La nueva vecina de mi hermano.

- **Función**. Cada uno de los grupos sintácticos desempeñan una función sintáctica en la oración: sujeto, predicado o complemento de un sustantivo, de un adjetivo, de un adverbio o de un verbo:

  Ese oso (GN/Sujeto) *tiene mucho sueño.* (GV/Predicado)

Observa la imagen y escribe tres frases en las que haya un grupo sintáctico diferente.

50. Subraya el núcleo de los siguientes grupos sintácticos y escribe cómo se llaman según el núcleo que los cohesiona:

- La amiga de Luis
- Mi casa vieja
- Canta muy bien
- Bastante cerca
- Otra bonita coincidencia
- Encima de mis libros
- Demasiado fácil
- Cogió varios libros
- Muy desagradable
- Mañana por la tarde

51. Copia la oración, subraya los grupos que la forman y cámbialos de lugar. Luego, haz las actividades:

- La semana pasada, la vecina de mi abuelo compró en la pastelería de su barrio unos pasteles de nata y fresa buenísimos.

a. ¿Ha cambiado el significado de la oración al cambiar los grupos sintácticos de lugar?

b. ¿Qué elementos de concordancia hay entre las palabras que forman cada grupo sintáctico?

5. El grupo preposicional como complemento

El **grupo preposicional** siempre depende de otro grupo sintáctico porque las preposiciones son nexos subordinantes.

Los **componentes** del grupo preposicional son dos:

- **Enlace** (E) es la preposición que inicia el GPrep.
- **Término** (T) es la palabra o grupo de palabras que sigue a la preposición:

En el desierto. (E: En; T: el desierto) — GPrep

Desde mi ventana. (E: Desde; T: mi ventana) — GPrep

Con temor. (E: Con; T: temor) — GPrep

El grupo sintáctico dentro del cual está subordinado el GPrep se llamará según sea el núcleo que lo cohesiona:

El pastelero de mi pueblo. (N: pastelero; GPrep: de mi pueblo, E: de, T: mi pueblo) — Grupo nominal (GN)

Muy dulce para mi gusto. (N: dulce; GPrep: para mi gusto, E: para, T: mi gusto) — Grupo adjetival (GAdj)

Los grupos preposicionales siempre funcionan como complemento de los demás grupos. Así, según el grupo al que complemente se llamará:

- **Complemento del nombre** (**CN**) si completa a un grupo nominal:

  Los cuadernos de dibujo. (N: cuadernos; GPrep/CN: de dibujo) (Complemento del nombre) — GN

- **Complemento del adjetivo** (**CAdj**) si completa a un grupo adjetival:

  Muy amable de verdad. (N: amable; GPrep/CAdj: de verdad) (Complemento del adjetivo) — GAdj

- **Complemento del adverbio** (**CAdv**) si completa a un grupo adverbial:

  Bastante lejos de aquí. (N: lejos; GPrep/ CAdv: de aquí) (Complemento del adverbio) — GAdv

- **Complemento verbal** (**CV**) si completa a un verbo:

  Hemos conocido a tus compañeros. (N: Hemos conocido; GPrep/CV: a tus compañeros) (Complemento del verbo) — GV

@ Amplía en la Red...

Para saber más sobre los grupos sintácticos, entra en www.tiching.com/737587.

LOS COMPLEMENTOS VERBALES

Los complementos del verbo (CV) pueden ser:

- complemento directo (CD)
- complemento indirecto (CI)
- complemento circunstancial (CC)
- atributo
- complemento predicativo (CPred)
- complemento de régimen (CR)
- complemento agente (CAg)

52. Identifica los grupos sintácticos y señala en tu cuaderno cómo se llama cada uno según el núcleo que los cohesiona:

– A la mañana siguiente, el entrenador vino verdaderamente enfadado a nuestro vestuario.

53. Forma grupos sintácticos siguiendo los esquemas:

a. sust/N ______ GPrep — GN

b. adj/N ______ GPrep — GAdj

La *h*

¡Horror! El diccionario ha conseguido hacer de ella un hazmerreír[1] y una inhábil diciendo que no representa sonido alguno, que es muda.

¿Muda la que habla? ¿Inhábil la que hace, la que mantiene el halo[2] del hogar dando un reino de hadas, hechiceras y héroes a nuestros hijos con sus historias y sus "había una vez"?

¿Inhábil la que lejos de ser haragana[3] es más hacendosa[4] que una hormiga, pues hila en el huso[5], hilvana, enhebra, enharina y hornea?

¿Que no representa ningún sonido? ¿No basta con representar a la humanidad? Pensad que sin la *h* quedaríamos sin ahora, sin horizontes y lo que es más grave, sin humor.

"Letra h" (adaptación), 9 de marzo de 2007, *La Página de los Cuentos*. Web [Consulta: 21 de septiembre de 2015].

1. **hazmerreír:** persona objeto de burla.
2. **halo:** resplandor.
3. **haragán:** vago.
4. **hacendoso:** que hace con esmero las tareas de la casa.
5. **huso:** máquina de hilar.

54. Lee en voz alta las palabras con ***h***. ¿Se pronunciarían diferente si se eliminara la ***h***? ¿Por qué crees que se mantiene esta letra en la lengua española? ¿Qué significa que la ***h*** es "muda"?

55. ¿Cuál es la postura del autor de este texto respecto al uso de la ***h***? ¿Crees que esta opinión es generalizada? ¿Qué argumento utilizarían estos últimos? ¿Tú qué opinas?

Observa algunas de las reglas sobre el uso de ***h***:

Se escriben con *h*

- Las palabras que empiezan por los diptongos ***hia-***, ***hie-***, ***hue-***, ***hui-***: *hiato, hielo, hueso…*
- Los vocablos que empiezan por ***hum-*** seguidas de vocal: *humareda, humilde…*
- Las palabras que empiezan por ***hecto-*** ("cien"), ***helio-*** ("sol"), ***hetero-*** ("distinto"), ***hepta-*** ("siete"), ***hexa-*** ("seis"), ***hemi-*** ("mitad"), ***hidro-*** ("agua"), ***higr-*** ("humedad"), ***hiper-*** ("exceso"), ***hipo-*** ("por debajo"), ***homo-*** ("igual"): *hectolitro, heliocéntrico, heterogéneo, heptágono, hexágono, hemisferio, hidroavión, higrómetro, hipérbole, hipotenso, homogéneo…*
- Todas las formas de los verbos cuyo infinitivo lleva ***h***, así como sus derivados: *haré, habitamos, helaría…, reharé, deshabitamos, deshelaría…*
- Tras la secuencia inicial ***ex-*** en: *exhalar, exhausto, exhibir, exhortar* y *exhumar*, y sus devidados: *exhalación, exhaustivo, exhibición…*
- Algunas interjecciones: *hala, hola, huy, hurra, ah, bah, eh…*

Se escriben con ***h*** las familias léxicas de:

- ***Helar***: *helado, hielo…*
- ***Hogar***: *hogareño, hoguera…*
- ***Hacer***: *rehacer, deshacer…*
- ***Huésped***: *hospedaje, hospedero…*

56. Escribe el presente de indicativo y el presente de subjuntivo del verbo *oler*.

57. Busca el significado de: *exhalar, exhausto, exhibir, exhortar* y *exhumar*. Escribe todas las palabras derivadas que puedas y explica su significado.

58. Escribe todas las palabras que sepas que comiencen por ***hum-*** seguidas de vocal.

59. Forma palabras con: ***hemi-***, ***higr-***, ***hiper-*** e ***hipo-***.

60. Busca todas las palabras que puedas con ***h*** intercalada intentando explicar su regla ortográfica.

La forma de las palabras (II)

La vi aparecer y desaparecer varias veces. Hubo un momento en que sentí, junto a mi cabeza, el aletazo del tiburón despedazando un pez.

Era el atardecer de mi quinto día en el mar. El cielo se ponía brillante y me maltrataba la vista, pero no me atrevía a cerrar los ojos en aquel momento de tensión. La gaviota estaba picoteándome los zapatos.

Gabriel GARCÍA MÁRQUEZ: *Relato de un náufrago* (adaptación), ilustrado por Gianni de Conno. Ed. Vicens Vives, 2014.

61. Señala la raíz de las palabras destacadas en verde, e identifica todos los afijos y explica el significado que aportan.

1. Los afijos

Los **afijos** se clasifican en:

- **Morfemas flexivos**: son los que indican el **género** y **número** en sustantivos y adjetivos (*pequeñ-o/a*, *leon-es*) o las **desinencias verbales** que aportan la información gramatical de persona, número, tiempo, modo y aspecto a la raíz del verbo (*am-amos*, *am-aré*).
- **Morfemas derivativos**: son los que crean nuevas palabras que aportan significados diferentes a la raíz (*raton-era*, *rat-ero*). Los morfemas derivativos se clasifican en **prefijos** (van delante de la raíz: *inter-urbano*, *des-cargar*) y **sufijos** (van detrás de la raíz: *azucar-ero*, *roj-izo*).

Prefijos frecuentes

a-* / *an- (negación):	*asocial*, *analfabeto*
anti- (oposición):	*antideslizante*
de-* / *des- (privación):	*deforestar*, *desatascar*
i-* / *in-* / *im- (negación):	*ilegal*, *increíble*, *imposible*
re- (repetición):	*recargable*
sub- (debajo de):	*subacuático*

Sufijos frecuentes

-anza (acción):	*enseñanza*
-ario (relación con):	*agrario*
-eda (lugar):	*alameda*
-ería (lugar):	*panadería*
-er- (oficio):	*frutero*
-ista (profesión):	*pianista*

62. Separa la raíz de los morfemas de género y número o desinencias verbales en estas palabras:

sencilla	dormiremos	enemigo
atrapado	estudiaré	bebían

Raíz	Género	Número
vecin-	-a	-s
Raíz	**Desinencia verbal**	
cant-	-o, -amos, -emos...	

63. Forma palabras y explica su significado:

Prefijos

	ex-	im-
poner	com-	ante-

Sufijos

	-ona	-erío
casa	-ero	-eta

64. Identifica la raíz, marca los prefijos y sufijos de las palabras, y explica el significado que aportan:

impago	alavés	rosaleda
emparejar	empujón	cacereño

3 Contar con imágenes

Douglas WRIGHT: "El Jardinero Mágico", 16 de febrero de 2012, *El Jardín de Douglas.* Web [Consulta: 5 de noviembre de 2015].

El razonamiento del bufón

¡Divertíos con los contratiempos!

Había un bufón que siempre encontraba algo positivo en los contratiempos. Un día, cuando perdió su burro, se alegró y su vecino le preguntó el motivo.

–Agradezco que no iba montado en mi burro, pues me habría perdido también.

Dividíos en grupos. Cada uno de vosotros imaginará un contratiempo y hará la pregunta al vecino.

Los demás del grupo daréis las respuestas que daría el bufón. Después, comentad entre todos la experiencia.

1. ✓ Observa la tira cómica y describe al personaje. ¿Cómo te imaginas que debe ser su carácter? Inventa un nombre adecuado para él.
2. ✓ ¿Cuál es el contratiempo que se le presenta? ¿Cómo se resuelve?
3. Explica la historia que se cuenta en las imágenes. ¿Crees que necesita palabras? ¿Por qué?

En esta unidad...

- Conocerás los conceptos más importantes del cine y del cómic.
- Escucharás y crearás historias.
- Elaborarás un fotorrelato y redactarás una crítica constructiva.
- Trabajarás uno de los tres grandes temas de la poesía: el amor.
- Estudiarás el grupo nominal y sus elementos.
- Aprenderás las normas de uso de la *b* y la *v*.
- Verás las reglas de formación de sustantivos.

Lectura

Antes de leer

Desde tiempos remotos, el ser humano ha sentido la necesidad de contar hechos reales o imaginarios a través de imágenes. Ejemplo de esto son las pinturas rupestres sobre la caza, o las escenas cotidianas que las distintas culturas han dejado plasmadas en grabados y dibujos.

El arte del antiguo Egipto ha dejado numerosos grabados con escenas de la vida cotidiana, a través de los cuales los historiadores han podido describir muchas de sus costumbres y formas de vida.

Ya en el siglo XIX se desarrolló la fotografía y los periódicos empezaron a publicar viñetas, que derivarían en el cómic actual. Poco después, cuando la tecnología lo permitió, surgió el cine.

- Recuerda algún cómic que te guste. ¿Cuál es el rasgo más característico del protagonista?
- Seguro que has visto muchas películas. ¿En qué se diferencian las antiguas de las más modernas?

ESTRATEGIA DE COMPRENSIÓN

Para **descubrir las emociones** que una **imagen** puede transmitir:

a) **Obsérvala con atención** para percibir hasta sus mínimos detalles.

b) **Juega con ella** haciéndote preguntas: ¿Cómo sería su olor? ¿Y su sabor? ¿Y su tacto? ¿Qué música tendría? ¿De qué material sería?

c) **Analiza detenidamente** el efecto que produce en ti.

Comprensión lectora

Localiza

1. ¿Cuántos humanos hay en la pintura rupestre?

2. Indica si el grabado egipcio representa una escena o una historia.

3. ¿Cuántas viñetas tiene la tira cómica?

Interpreta

4. Observa la escena de caza de la pintura rupestre. ¿Qué crees que ha querido contar con esa imagen el artista anónimo?

5. Mira la pintura egipcia y realiza las actividades en tu cuaderno:

- **a.** Imagina los nombres de los personajes que aparecen. Ten en cuenta que hay hombres y mujeres.
- **b.** Observa los utensilios que utilizan, descríbelos e indica para qué crees que los usaban.
- **c.** Fíjate en las personas que están dibujadas a una escala menor. ¿Qué crees que puede significar?
- **d.** Imaginad en grupo todas las circunstancias posibles del relato y ponedlas en común con el resto de la clase.

6. Analiza atentamente la tira cómica y contesta:

- **a.** Observa el estilo. ¿Qué sensación produce?
- **b.** Explica el significado que tiene el predominio del color en las distintas partes del dibujo.
- **c.** Fíjate en los globos o bocadillos. ¿Quién es el personaje que habla en cada viñeta? ¿Crees que es el protagonista?
- **d.** Describe a los personajes que aparecen. Por lo que dicen o hacen, imagina su forma de ser.
- **e.** ¿En qué aspectos reside el humor de las viñetas?
- **f.** Dibuja otra tira cómica en la que la chica le exprese al niño su opinión acerca del invento.

Valora

7. ¿Cómo catalogarías al artista rupestre: poco, bastante o muy experto en su arte? ¿Y al egipcio?

8. Compara las tres ilustraciones. ¿Con qué intención comunicativa dibujó cada una de ellas el artista?

9. Valora la evolución del trazo, el color y el movimiento de cada obra. Ten en cuenta la época histórica en que cada una de ellas se realizó.

Pintura rupestre del 6000 a.C. aproximadamente. Cuevas de El Cogul (Lleida).

Pintura egipcia del 1400 a.C.

Juan BERRIO: *La tirita*. Ed. Dibbuks, 2010.

El cine y el cómic

1. El cine

En 1895, los hermanos Lumière proyectaron las primeras imágenes en movimiento: había nacido el cine. Este medio artístico y de comunicación fue posible gracias al desarrollo de la fotografía y a los avances en las técnicas de proyección.

Una **película cinematográfica** o **filme** es un conjunto de imágenes fotográficas que componen una historia y que adquieren movimiento al ser proyectadas en una pantalla de cine u otra superficie adecuada.

HISTORIA DEL CINE

Entra en www.tiching.com/737589, mira atentamente el vídeo y contesta a las preguntas.

2. El lenguaje del cine

Los elementos del lenguaje cinematográfico son el *sonido* y la *imagen*.

El sonido

El sonido abarca tanto la *palabra* como la *música* y los *ruidos*:

- La **palabra**: es el diálogo directo de los personajes. Si la fuente de la que provienen las palabras no aparece en la imagen, se habla de **voz en *off***.
- La **música** y los **ruidos**: crean el ambiente sonoro apropiado. Pueden ser tan significativos como la palabra.

La imagen

Las películas están compuestas de **imágenes** fijas llamadas **fotogramas**, que se van sucediendo unas tras otras creando la ilusión del movimiento.

Todo fotograma posee un **encuadre**, que es el espacio que capta la cámara. Un encuadre se realiza desde un punto de vista, es decir, la imagen se encuadra según un *plano* y una *angulación*:

- El **plano** viene determinado por la **distancia** entre la cámara y lo que se quiere filmar. Existen diferentes tipos de plano: plano general, plano americano, plano medio, primer plano, plano detalle.
- La **angulación** es la **disposición** de la cámara respecto del objeto o la persona que se quiere grabar. El ángulo puede ser:
  - **Normal**: la cámara se sitúa a la misma altura que la persona o el objeto.
  - **Picado**: la cámara filma desde arriba a la persona o el objeto.
  - **Contrapicado**: la cámara se sitúa en el suelo y enfoca hacia arriba para grabar a la persona o el objeto.

Tipos de encuadre

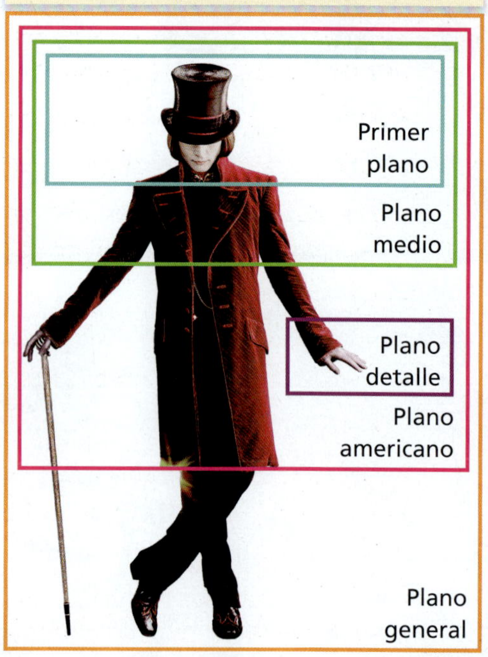

3. El guion audiovisual

El **guion audiovisual** es un texto en el que se describe la obra para que todos los que van a intervenir en ella sepan qué tienen que hacer.

Se escribe en dos columnas: a la izquierda se describen las imágenes y a la derecha, la banda sonora.

La **banda sonora** de un guion audiovisual no solo detalla la música que acompaña a la imagen, sino que también incluye otros elementos sonoros: efectos de sonido, diálogos, etc.

4. El cómic

El cómic nació a mediados del siglo XIX en Europa en revistas y periódicos satíricos y, poco después, se popularizó en EE. UU. a partir de las tiras o historietas publicadas en la prensa.

La **historieta** o **cómic** es una narración ilustrada que busca entretener al lector y que se caracteriza por una estrecha interacción entre el código visual (los dibujos) y el código verbal (los textos).

5. El lenguaje del cómic

La acción del cómic se refleja en los dibujos sucesivos, generalmente rectangulares, que se denominan **viñetas**, y en los diálogos de los personajes, que se escriben en **globos** o **bocadillos**. Cuando los globos tienen bordes imprecisos o algodonosos indican un salto hacia el pasado o que el personaje está pensando o imaginando algo.

Las historietas son narraciones, por lo que a veces necesitan señalar saltos en el tiempo o indicar que dos acciones son simultáneas. Eso se consigue con los **textos de relevo**, situados en la parte superior o inferior de la viñeta: *Más tarde...*, *Mientras tanto...*, *Al mismo tiempo...*

Hay otros elementos destacados que ayudan a entender la historia:

- La **expresión gestual** de los personajes, como la alegría, el dolor...
- Las **metáforas visuales**, como las estrellas que aparecen cuando alguien recibe un golpe o los corazones cuando alguien está enamorado...
- Las **onomatopeyas**, como el *riiing* que nos recuerda a un timbre o el *boing* que nos hace pensar en un objeto rebotando...
- Los **indicadores de movimiento**, para cuando alguien corre, salta...

JIM DAVIS: *El gran espectáculo de Garfield* (adaptación). Ed. Planeta, 1996.

¿Qué elementos del lenguaje del cómic puedes observar en estas viñetas? Comentadlo en clase.

10. Llevad a clase algunos de vuestros cómics preferidos. Podéis intercambiároslos y leer durante un rato. A continuación, identificad en ellos los distintos componentes de la historieta y averiguad su significado.

11. Indica la angulación de la cámara en las imágenes:

12. Dibujad en el cuaderno una historieta de seis viñetas que se ajuste a las siguientes reglas:

Deben aparecer dos personajes que dialoguen (uno de ellos pensando), dos acciones simultáneas, dos onomatopeyas, una metáfora visual y, al menos, un indicador de movimiento.

a

Star Wars: La venganza de los Sith

b

The Ant Bully

c

El Señor de los Anillos

ESCUCHO Y HABLO

1 Puzle sonoro

a. Escucha los textos, relaciónalos con las imágenes y completa los datos:

a

...

Tipo de texto: ...
Emisor o emisores: ...
Intención comunicativa: ...
Tipo de lenguaje: ...
Características de la voz (tono, timbre y entonación): ...

b

...

Tipo de texto: ...
Emisor o emisores: ...
Intención comunicativa: ...
Tipo de lenguaje: ...
Características de la voz (tono, timbre y entonación): ...

c

...

Tipo de texto: ...
Emisor o emisores: ...
Intención comunicativa: ...
Tipo de lenguaje: ...
Características de la voz (tono, timbre y entonación): ...

d

...

Tipo de texto: ...
Emisor o emisores: ...
Intención comunicativa: ...
Tipo de lenguaje: ...
Características de la voz (tono, timbre y entonación): ...

b. Busca o diseña una imagen que sirva para relacionar los siguientes sonidos del puzle sonoro. A continuación, descríbela oralmente ante tus compañeros y compañeras de clase:

El sonido 3 con el 2 | El sonido 2 con el 4

c. Basándote en la imagen del apartado anterior, inventa un texto y grábalo. Define previamente el tipo de texto que vas a crear, el emisor, la intención comunicativa y el tipo de lenguaje que utilizarás.

d. Poned en común en clase todos los textos que habéis elaborado.

2 La rana del pozo

a. Escucha el cuento "La rana del pozo" y contesta a las preguntas:

- ¿Quiénes dialogan?
- ¿Cuál crees que es la rana protagonista? ¿Por qué?
- ¿Te parece adecuada la ambientación sonora del cuento? ¿Por qué?
- Valora la entonación de la locutora. ¿Crees que lo ha hecho muy bien, bien o regular?

b. Transforma esta breve narración oral en una historieta. Puedes añadir hechos anteriores al comienzo del cuento o también alguna secuencia posterior.

3 Ordenar y narrar una historia

Observa atentamente los dibujos. Después, ordénalos de manera que cuenten una historia y nárrala oralmente a tus compañeros:

4 Identificar películas y crear historias

a. Buscad en Internet los argumentos de estas películas y comentadlos:

1 *Percy Jackson y el ladrón del rayo*

2 *Las crónicas de Narnia*

3 *Avatar*

b. Inventad después la historia de tres películas que no existan, pero que podrían contener estos fotogramas.

ESCRIBO

1 Crear un fotorrelato

a. Observa el fotorrelato y complétalo de manera que expliques una historia. Utiliza los recursos del cine y del cómic:

- Las **imágenes** fijas, como en el cine, presentan distintos **tipos de planos**: plano general, plano americano, plano medio, primer plano y plano detalle.
- Los **diálogos** de los personajes, de la misma forma que lo hace el cómic, se insertan gracias a **bocadillos** y **textos de relevo**.

b. Os proponemos que, en grupo, elaboréis vuestro fotorrelato. Para ello, seguid estos pasos:

1. Decidid qué historia queréis desarrollar en imágenes: puede ser inventada, una anécdota real, una actividad del centro escolar o la adaptación de una obra literaria.
2. Escribid en el cuaderno el guion en dos columnas: a la izquierda describid las imágenes y a la derecha escribid los textos. Además, podéis dividir la historia en secuencias, o núcleos temáticos, e indicar el tipo de plano, así como la angulación de la cámara.
3. Calculad el número total de viñetas que necesitáis para contar vuestra historia y el número de viñetas que caben por página.
4. Haced el trabajo de campo: conseguid una cámara fotográfica, repartid entre los miembros del grupo los papeles que deberán representar y realizad las fotos en los lugares previstos.
5. Reunid las fotos que habéis tomado, seleccionad las mejores e id montándolas en las páginas. Recordad que tendréis que dejar suficiente espacio para incluir los diálogos y los textos de relevo.
6. Intercambiad en clase los trabajos y valoradlos.

2 Realizar una crítica constructiva

a. Valora con una puntuación del 1 al 5 los fotorrelatos de tus compañeros y compañeras. Hazlo siguiendo esta tabla:

	1	2	3	4	5
Se reconoce la idea central del relato.					
El tema que plantea es interesante.					
Los autores han puesto en acción su capacidad creativa.					
El guion es original.					
El número de fotografías y páginas del fotorrelato es adecuado al guion.					
Las fotografías son de calidad.					
Las fotografías expresan la idea que se quería con el guion.					
Los diálogos resultan ágiles.					
Los personajes hablan de forma adecuada a su condición.					
El montaje está hecho con esmero.					
El resultado final resulta interesante.					

b. De forma individual, y teniendo en cuenta las valoraciones dadas a cada grupo, escoge uno de los trabajos y redacta una crítica constructiva. Sigue este esquema:

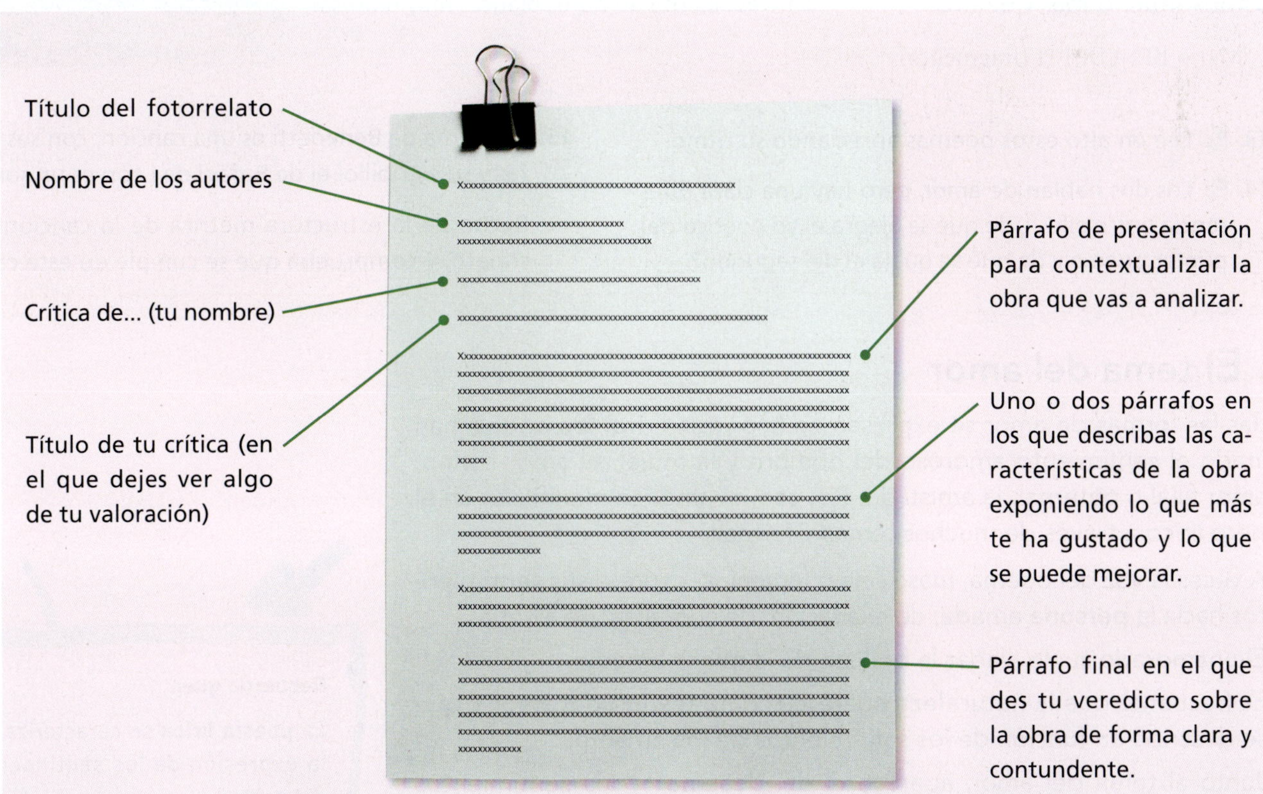

El género lírico (II)

Te quiero

Tus manos son mi caricia,
mis acordes cotidianos.
Te quiero porque tus manos
trabajan por la justicia.

Si te quiero es porque sos
mi amor, mi cómplice y todo,
y en la calle codo a codo
somos mucho más que dos.

Tus ojos son mi conjuro
contra la mala jornada.
Te quiero por tu mirada,
que mira y siembra futuro.

Tu boca que es tuya y mía,
tu boca no se equivoca.
Te quiero porque tu boca
sabe gritar rebeldía.

Si te quiero es porque sos
mi amor, mi cómplice y todo,
y en la calle codo a codo
somos mucho más que dos.

Mario BENEDETTI (fragmento)

Soneto IV

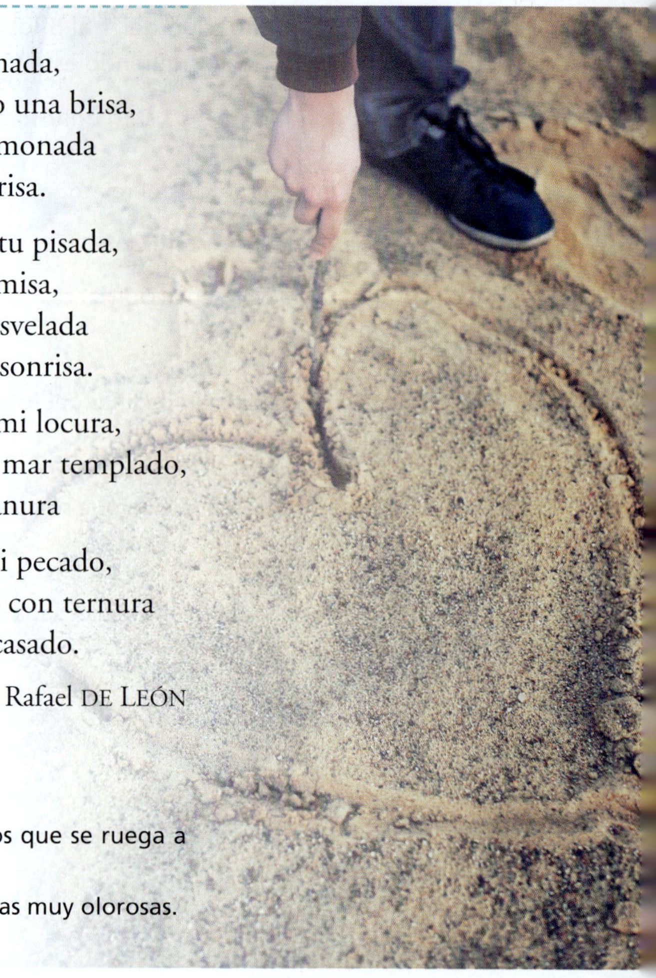

Peso poco en tu vida, casi nada,
como un leve rumor, como una brisa,
como un sorbo de fresca limonada
bebido sin calor y a toda prisa.

No adelanto el compás de tu pisada,
ni distraigo la salve[1] de tu misa,
y en tu frente de nardo[2] desvelada
no llego ni a recuerdo ni a sonrisa.

Y en cambio tú eres todo, mi locura,
mi monte, mi canción, mi mar templado,
el pulso de mi sangre, la llanura

donde duermo sin sueño ni pecado,
y el andamio en que apoyo con ternura
este amor que nació ya fracasado.

Rafael DE LEÓN

1. **salve:** oración y canto con los que se ruega a la Virgen María.
2. **nardo:** planta de flores blancas muy olorosas.

13. Lee en alto estos poemas apreciando su ritmo.

14. Los dos hablan de amor, pero hay una clara diferencia entre ellos: ¿de qué se alegra el yo poético del primer poema y de qué se queja el del segundo?

15. El poema de Benedetti es una canción, con sus estrofas y su estribillo; el de Rafael de León es un soneto.

Recuerda la estructura métrica de la canción y del soneto, y comprueba que se cumple en este caso.

1. El tema del amor

Todas las formas de amor se expresan en la poesía lírica: los poetas han cantado el sentimiento amoroso del hombre y la mujer, el amor divino, el amor filial o paternal, la amistad... Por eso, el amor se manifiesta en el género lírico a través de muchos temas y formas:

- A veces la voz del poema, masculina o femenina, expresa sus **sentimientos** hacia la **persona amada**: de exaltación, de añoranza, de alegría...
- El enamorado suele alabar la **belleza** de la **mujer amada**.
- Es frecuente que la **naturaleza** aparezca como testigo del amor y que se describa en función de los sentimientos de los amantes.
- Junto al tema del amor, aparece el del **desamor** y los sentimientos asociados a él: los celos, la desesperanza, la rabia, el despecho...

Recuerda que:

La **poesía lírica** se caracteriza por la expresión de los sentimientos del poeta.

2. El enamorado y la enamorada

El **amor** aparece ya en las composiciones poéticas más antiguas. El yo poético puede ser un hombre o una mujer. En la tradición literaria de Castilla encontramos numerosos **villancicos** en los que una mujer habla de su amado o un joven canta a su enamorada.

Perdida traigo la color:
todos me dicen que lo he de amor.

Viniendo de la romería
encontré a mi buen amor:
pidiérame tres besicos,
luego perdí la color.
Dicen a mí que lo he de amor.

Perdida traigo la color:
todos me dicen que lo he de amor.

Juan VÁSQUEZ

¡Ay, luna que reluces,
toda la noche me alumbres!

¡Ay, luna tan bella,
alúmbresme a la sierra,
por do[1] vaya y venga.

¡Ay, luna que reluces,
toda la noche me alumbres!

Cancionero de Upsala

1. **do:** donde.

16. Lee los poemas con ritmo y entonación.
17. ¿En cuál de ellos habla la chica y en cual el chico?
18. En el primer poema, ¿por qué la joven ha perdido la color?
19. En el segundo poema, ¿por qué crees que pide el amante a la luna que lo alumbre en su marcha nocturna? ¿A dónde crees que puede dirigirse?
20. Como las canciones actuales, estos poemas también tienen estribillo. Señálalo en cada caso.
21. Estos poemillas tradicionales son breves y sencillos, pero muy emotivos: dejan entrever más de lo que dicen. Describe con tus palabras los sentimientos de la chica y los del chico ante la situación a la que se enfrenta cada uno de ellos.

3. La belleza de la amada

La belleza de la mujer amada es otro de los temas de la poesía amorosa. Los cánones de belleza han ido cambiando a lo largo de los siglos, de modo que los poetas han cantado tanto a la mujer morena de ojos negros como a la rubia de ojos claros.

¡Muy graciosa es la doncella,
cómo es bella y hermosa!
Digas tú, el marinero
que en las naves[1] vivías,
si la nave o la vela o la estrella
es tan bella.
Digas tú, el caballero
que las armas vestías,
si el caballo o las armas o la guerra
es tan bella.
Digas tú, el pastorcico
que el ganadico guardas,
si el ganado o los valles o la sierra
es tan bella.

Gil VICENTE

1. **nave:** embarcación antigua de guerra o mercante, con cubierta y velas, y sin remos.

22. Identifica el yo poético de este poema. ¿A qué personas se dirige?
23. ¿Con qué elementos de cada oficio compara la belleza de la amada?
24. El poema esconde un diálogo del que solo conocemos una parte. ¿Qué efecto intelectual o emotivo produce?

4. La naturaleza, testigo del amor

La naturaleza aparece a menudo en los poemas amorosos. Unas veces como confidente de las penas de amor, otras es el lugar de encuentro de los enamorados. A menudo, la naturaleza también se convierte en reflejo de los sentimientos.

Decidme, fuente clara,
hermoso y verde prado
de varias flores lleno y adornado;
decidme, alegres árboles, heridos
del fresco y manso viento,
calandrias, ruiseñores,
en las quejas de amor entretenidos,
sombra do yo gocé de algún contento,
¿dónde está agora aquella que solía
pisar las flores tiernas y suaves,
gustar el agua fría?
Murió. ¡Dolor cruel! ¡Amarga hora!
Árboles, fuente, prado, sombra y aves,
no es tiempo de vivir; quedad en buen hora;
que el alma ha de ir buscando a su pastora.

Baltasar DE ALCÁZAR

25. El yo poético es un pastor enamorado que habla con la naturaleza idealizada. Describe en tu cuaderno el paisaje de la primera parte. ¿Cómo se relaciona con los sentimientos del enamorado cuando su amada estaba viva?

26. En los últimos versos todo cambia. La muerte de la amada hunde al pastor en la desesperanza. ¿Qué le dice este entonces a esa naturaleza?

27. Comenta el efecto que produce el verso: "Árboles, fuente, prado, sombra y aves", en el que se enumeran los elementos de la naturaleza a los que el poeta ya se ha referido.

5. El amor y el desamor

Gustavo Adolfo Bécquer es uno de los poetas que más fielmente ha retratado los estados del amor: la esperanza, la alegría del encuentro, la exaltación amorosa, el desengaño y el final del amor.

Rima XXIV

Dos rojas lenguas de fuego
que, a un mismo tronco enlazadas,
se aproximan, y al besarse
forman una sola llama;

dos notas que del laúd
a un tiempo la mano arranca,
y en el espacio se encuentran
y armoniosas se abrazan;

dos olas que vienen juntas
a morir sobre una playa
y que al romper se coronan
con un penacho[1] de plata.

dos jirones[2] de vapor
que del lago se levantan,
y al juntarse allá en el cielo
forman una nube blanca;

dos ideas que al par brotan,
dos besos que a un tiempo estallan,
dos ecos que se confunden,
eso son nuestras dos almas.

Gustavo Adolfo BÉCQUER

1. **penacho:** grupo de plumas.
2. **jirón:** pedazo, fragmento.

28. Enuncia en tu cuaderno el tema del poema y señala el paralelismo y la anáfora que dan forma al texto.

29. ¿Con qué metáforas hace visible el poeta el sentimiento apasionado de los amantes? Escríbelas en tu cuaderno.

Rima XLI

Tú eras el huracán y yo la alta
torre que desafía su poder:
¡tenías que estrellarte o que abatirme!...
¡No pudo ser!

Tú eras el océano y yo la enhiesta[1]
roca que firme aguarda su vaivén:
¡tenías que romperte o que arrancarme!...
¡No pudo ser!

Hermosa tú, yo altivo; acostumbrados
uno a arrollar, el otro a no ceder;
la senda estrecha, inevitable el choque...
¡No pudo ser!

Gustavo Adolfo BÉCQUER

1. **enhiesto:** levantado, derecho.

COMPRENDO EL TEXTO

30. ¿Con qué se identifica el poeta en la primera estrofa? ¿Es un elemento natural o no?

31. ¿Con qué se identifica en la primera estrofa a la amada? ¿Es un elemento de la naturaleza o no?

32. ¿Es fuerte un huracán? ¿Cómo es su fuerza? ¿Es fuerte una torre? ¿Cómo es su fuerza? ¿Cómo te imaginas el carácter de la mujer en esta primera estrofa? ¿Y el del poeta?

33. En la tercera estrofa, Bécquer nos explica la causa de la fuerza de la amada. ¿Es siempre así la belleza? ¿Cuenta Bécquer en el poema lo que sucedió entre ellos? ¿Lo puedes imaginar?

REFLEXIONO SOBRE EL TEXTO

34. Indica dos metáforas del poema y señala su estructura (término real y término imaginario).

35. Señala los recursos que utiliza el poeta para dar ritmo al poema: la rima, la medida, las repeticiones, los paralelismos...

a. ¿Cómo es la rima: consonante o asonante?

b. Mide la segunda estrofa.

c. Subraya los paralelismos que encuentres.

d. ¿Crees que los recursos de ritmo favorecen la memorización de los poemas? ¿Por qué?

e. ¿Cómo se llama el verso que se repite al final de cada estrofa en las canciones y en los poemas? ¿Por qué crees que favorece el ritmo?

CREO UN POEMA

36. Sustituye en el poema los espacios en blanco por otras palabras que expresen tus sentimientos. Intenta que haya metáforas, paralelismos y antítesis... y verás cómo el nuevo poema también resulta fácil de memorizar:

Tú eras ... y yo ...
...
¡tenías que ... o ...!...
¡No pudo ser!

Tú eras ... y yo ...
... ¡tenías que ... o ...!...
¡No pudo ser!

... tú, yo ...; acostumbrados
uno a ..., el otro a ...
la senda estrecha, inevitable el choque...
¡No pudo ser!

(Firma tu poema)

El grupo nominal

Ulises y el caballo de Troya

Tres días después, al amanecer, cuando los troyanos se asomaron a la llanura[1] que se extendía ante su ciudad, no pudieron creerse lo que estaban viendo. Los griegos habían levantado su campamento, y a lo lejos, en el mar, se veían sus barcos, navegando en dirección al Oeste. [...]

La noticia se propagó enseguida por toda la ciudad. La gente saltó de alegría y un clamor[2] de entusiasmo se extendió por todas las casas y palacios de Troya. La guerra había terminado. ¡Se habían acabado los ríos de sangre, los gritos de dolor de los heridos, el llanto de las madres que veían morir a sus hijos ante los muros de la ciudad!

De pronto, desde lo alto de la muralla, uno de los centinelas[3] de Troya señaló hacia lo lejos y gritó:

–Mirad, ¡los griegos han dejado algo en su campamento!

En efecto, entre las tiendas abandonadas, se veía una escultura de grandes dimensiones. Al acercarse vieron que era un enorme caballo de madera, alto como el mástil de un barco. El rey Príamo se acarició la blanca barba y dijo:

–Han talado miles de pinos para construirlo.

Maria ANGELIDOU: "Ulises y el caballo de Troya" (adaptación), en *Mitos griegos*, ilustrado por Svetlin. Ed. Vicens Vives, 2015.

1. **llanura:** extensión de terreno muy grande, sin altos ni bajos.
2. **clamor:** grito con fuerza de una multitud.
3. **centinela:** soldado que vigila.

37. ¿Por qué descubren los troyanos que se ha acabado la guerra? ¿Qué encuentran en la llanura? ¿Qué consecuencias tiene el fin de la guerra para la población?

38. Ya has estudiado qué es un grupo sintáctico y cómo se forma. Escribe en tu cuaderno de qué clase son los grupos sintácticos destacados en verde según su núcleo.

1. Características del GN

Como sabes, las palabras se unen en grupos sintácticos para formar oraciones. Ahora vamos a ver qué es un grupo nominal y cómo se construye.

Un **GN** está formado por una palabra o un grupo de palabras cuyo núcleo es un sustantivo o un pronombre.

María viene hoy. — sustantivo — GN

Ellos bailan muy bien. — pronombre — GN

Tu amiga es estupenda. — grupo de palabras — GN

@ Amplía en la Red...

Para saber más sobre el grupo nominal, entra en www.tiching.com/737587.

2. Elementos del GN

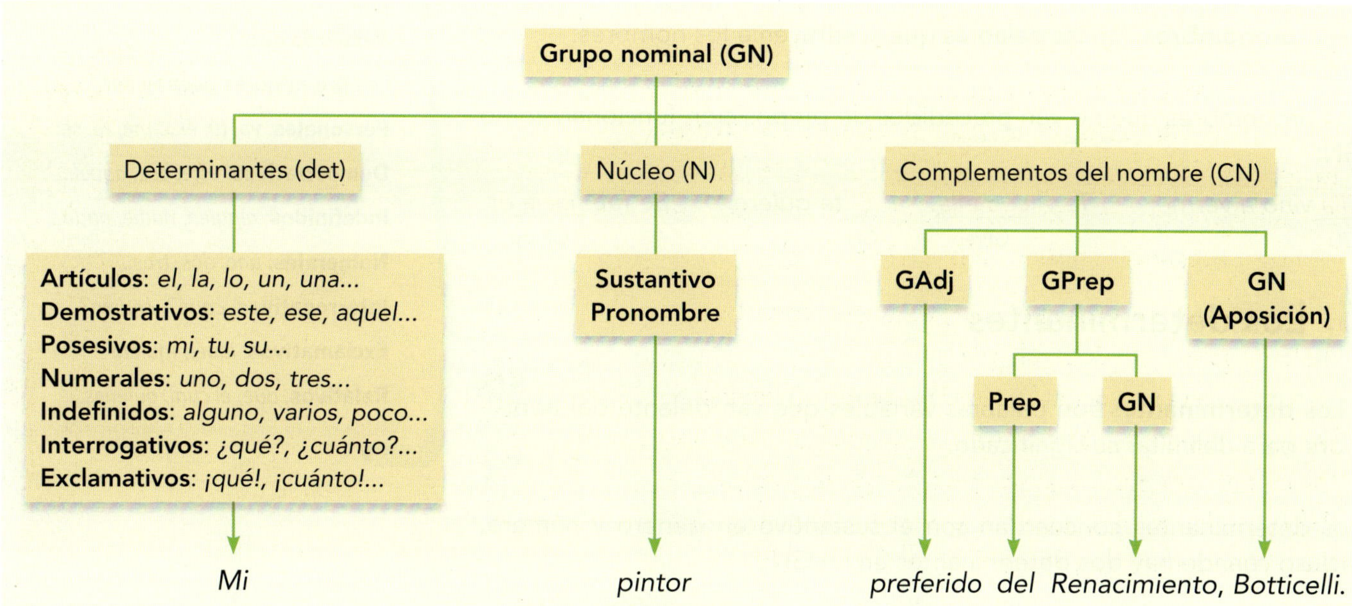

El **GN** lo constituyen el núcleo: un **sustantivo** o un **pronombre**, y otras palabras que lo presentan y completan su significado:

- **determinantes**: *Los coches.*
- **complementos del nombre**:
  - **adjetivos calificativos**: *Las ventanas viejas.*
  - **grupos preposicionales**: *Un café con leche.*
  - **sustantivos en aposición**: *El rey Príamo.*

3. Los sustantivos

Los **sustantivos** son palabras que designan a personas, animales, cosas, sentimientos y eventos.

- La principal **función** de los sustantivos es ser núcleo de un grupo nominal: *Las ventanas azules.*
  GN
- Su **forma** es variable y tienen género y número: *gato, gata, gatos, gatas.*

Recuerda que:

Hay distintas clases de sustantivos:

Comunes: *niña*	**Propios**: *María*
Individuales: *pájaro*	**Colectivos**: *bandada*
Concretos: *casa*	**Abstractos**: *libertad*
Contables: *lápiz*	**No contables**: *azúcar*

39. Analiza estos grupos nominales indicando qué función cumplen cada uno de sus componentes:

- Un enorme caballo de madera
- Mis amigos de la infancia
- El caudaloso río Ebro
- Los nuevos envases ecológicos de agua
- ¿Cuántos kilos de patatas?
- Unas maravillosas vistas al mar
- Sus enormes ojos verdes
- Mis compañeros de piso
- Estas historias mágicas de ficción
- Nuestro compañero Luis

4. Los pronombres

Los **pronombres** son las palabras que sustituyen a los nombres.

Los pronombres que no van precedidos de preposición funcionan como GN:

Ella vino a verme. (Ella: GN) *Te vi con ella.* (con ella: GPrep) *Él te quiere.* (Él: GN) *Se fue hacia él.* (hacia él: GPrep)

Recuerda que:

Los pronombres pueden ser:

Personales: *yo, tú, él...; me, te, se...*

Demostrativos: *este, ese, aquel...*

Indefinidos: *alguien, nadie, nada...*

Numerales: *uno, dos, tres...*

Interrogativos: *¿qué?, ¿quién?*

Exclamativos: *¡qué!, ¡quién!*

Relativos: *que, el cual, quienes...*

5. Los determinantes

Los **determinantes** son palabras variables que van delante del nombre para delimitar su significado.

Los determinantes concuerdan con el sustantivo en género y número, incluso cuando hay dos determinantes en un GN:

Todas las amigas. *Estos dibujos.* *Varias propuestas.*

Los determinantes tienen la propiedad de convertir cualquier palabra a la que preceden en un GN. Esta cualidad se llama **sustantivación**: *Este verde te sienta bien* (adjetivo sustantivado), *El comer sano alarga la vida* (verbo sustantivado), *El mañana no es seguro* (adverbio sustantivado).

Determinantes y pronombres

Aunque los determinantes y los pronombres comparten muchas de sus formas, es muy fácil distinguirlos porque:

- Los **determinantes** acompañan a los nombres y forman parte del GN:

  Estos coches son muy caros. (Estos: det; coches: N; Estos coches: GN)

- Los **pronombres** sustituyen al sustantivo, acompañan a los verbos y pueden ser el núcleo del GN:

  Estos son muy caros. (Estos: GN)

Recuerda que:

Son determinantes:

Artículos: *el, la, lo, un, una...*

Demostrativos: *este, ese, aquel...*

Posesivos: *mi, tu, su...*

Indefinidos: *poco, mucho, varios...*

Numerales: *uno, dos, tres...*

Interrogativos: *¿qué?, ¿cuántos?*

Exclamativos: *¡qué!, ¡cuántos!*

40. Analiza los elementos de los grupos nominales subrayados y sustitúyelos por pronombres:

- Mi hermana y yo fuimos al cine.
- Los vecinos de mi escalera son muy ruidosos.
- Las páginas de este libro están amarillentas.

41. Subraya los determinantes de los siguientes grupos nominales e indica de qué clase son:

- Todos esos accidentes se podrían haber evitado.
- Algunas personas son muy divertidas.
- Mi ordenador me da muchos problemas.
- ¡Qué suerte has tenido estos días!

42. Convierte las siguientes palabras en sustantivos:

dulce azul fregar triste

43. Justifica por qué los grupos de palabras subrayados son grupos nominales:

- Los días felices abundaron aquellas vacaciones.
- Los felices viven más años que los tristes.

6. Los complementos del nombre (CN)

Grupo adjetival (GAdj)

Los adjetivos calificativos acompañan al nombre diciendo sus cualidades. Cuando están dentro de un GN, los **adjetivos calificativos** funcionan como complemento del nombre (**CN**) y pueden ir delante o detrás del sustantivo con el que concuerdan en género y número:

Esta	*maravillosa*	*película.*
det	CN (adj)	N
GN		

Un	*amigo*	*estupendo.*
det	N	CN (adj)
GN		

Grupo preposicional (GPrep)

A veces no tenemos adjetivos calificativos concretos para expresar las cualidades de un sustantivo y poder así distinguirlo de otros sustantivos de su misma clase. Los **grupos preposicionales** nos aportan esa información:

Falda	*de cuadros.*
N	GPrep / CN
GN	

Los **sustantivos** precedidos de **preposición**, cuando están dentro de un grupo nominal, son siempre **CN**:

Los	*amigos*	*de*	*mi*	*hermana.*
	sust			sust
det	N	GPrep / CN		
GN				

También funcionan como **GPrep** los pronombres que llevan una **preposición explícita**: *conmigo*, *contigo*, *consigo*, o **implícita**: *me* (a mí), *te* (a ti), *se*, *le* (a él, a ella), o la necesitan en la oración: *para mí*, *para ti*, *para sí*.

Aposición

Es un **sustantivo** que completa a otro sustantivo sin una preposición que los una. La aposición puede ir unida directamente al sustantivo o bien separada por comas:

Mi	*hermana*	*Luisa.*
det	N	CN (Apos)
GN		

Ha llegado	*la*	*nueva*	*jefa,*	*Sofía.*
	det	CN	N	CN (Apos)
	GN			

Algunos adverbios pueden formar parte de un GN como complemento del núcleo:

Tres	*días*	*después.*
det	N	CN (adv)

Una	*historia*	*así.*
det	N	CN (adv)

44. Analiza los siguientes grupos nominales y señala la función de los distintos elementos que los forman:

- Mi nueva compañera de clase
- Ese desafortunado accidente con la bicicleta

45. Vuelve a leer el texto "Ulises y el caballo de Troya" y observa cómo se describen los efectos de la guerra: "los ríos de sangre", "los gritos de dolor de los heridos", "el llanto de las madres". Después, sustituye los GPrep por adjetivos.

46. Observa los grupos sintácticos subrayados y justifica por qué son grupos preposicionales:

- Vinieron conmigo por la tarde al gimnasio y me acompañaron hasta la portería.

47. Identifica los sustantivos que hay en las oraciones. Señala en qué caso son el núcleo de un grupo nominal y en qué caso son una aposición:

- Mi amigo Pedro ha aprobado el examen.
- La basura contamina el monte Everest.

La *b* y la *v* (I)

Hugo tuvo un tubo, pero el tubo que tuvo se le rompió. Para recuperar el tubo que tuvo, tuvo que comprar un tubo igual al tubo que tuvo.

Trabalenguas popular

Memoriza el trabalenguas y recítalo delante de un compañero de clase.

48. Observa las letras destacadas en rojo y en verde, y lee en voz alta las palabras que las contienen. Su sonido es el mismo, pero una es la ***b*** y otra es la ***v***, de lo que se deriva que las reglas ortográficas que regulan su uso son diferentes:

a. ¿Qué tipo de palabra es *tuvo*? ¿Y *tubo*? Defínelas en tu cuaderno.

b. ¿Cuál crees que es la norma ortográfica que se aplica a cada una?

Observa algunas de las reglas sobre el uso de ***b*** y ***v***:

Se escriben con *b*

- Las palabras acabadas en ***-bundo/a***: *tremebundo…*
- Los infinitivos y las palabras derivadas de los verbos terminados en ***-aber***, ***-eber***, ***-ibir***, ***-buir***: *caber, beber, escribir, retribuir…* **Excepto**: *precaver* y *vivir*, así como sus derivados: *precavido, vividor…*
- Las palabras acabadas en ***-bilidad***: *amabilidad, posibilidad…* **Excepto**: las palabras derivadas de *móvil, civil* y *servil*: *movilidad, civilidad, servilidad...*
- Las palabras que empiezan por **bu-**, **bur-**, **bus-**: *bufanda, burgués, busto…*

Se escriben con *v*

- Las palabras que terminan en ***-ívoro/a***: *carnívoro, herbívoro…* **Excepto**: *víbora.*
- Los tiempos de los verbos cuyo infinitivo no tiene ni ***b*** ni ***v***: *tuve* (*tener*), *anduve* (*andar*), *voy* (*ir*), *estuve* (*estar*)… **Excepto**: el pretérito imperfecto de indicativo: *andaba, iba, estaba…*
- Los adjetivos llanos que terminan en ***-ave***, ***-avo/a***, ***-eve***, ***-evo/a***, ***-ivo/a***: *suave, esclavo, breve, longevo, activo…*
- Las palabras que empiezan por **villa-**, **di-**: *villancico, divisar...* **Excepto**: *dibujo* y sus derivados: *dibujante...*

49. Conjuga el pretérito perfecto simple del verbo *retener* y del verbo *andar*.

50. Completa los enunciados con ***b*** o ***v***:

- La policía aún no ha descubierto el mó…il del crimen.
- Los vaga…undos podrán ser asistidos en el nue…o centro social.
- Es muy preca…ido y desconfiado; dice que suele perci…ir las malas noticias.
- Andu…imos toda la mañana hasta encontrar la …ufanda que quería.
- Todos piensan que es un …uscavidas; se las ingenia para seguir adelante.
- Da la imagen de ser un …onachón.
- Disfruta de la vida al máximo; es un …i…idor.
- Desde el principio de la película se ve que el …illano no tiene ninguna posi…ilidad.
- Anda…a pensando en sus cosas y tropezó con una …otella …acía.

51. Completa la siguiente tabla con todas las palabras que sepas y que no estén en los ejemplos anteriores:

Terminan en *-bilidad*	Adjetivos llanos que terminan en *-ave, -avo/a, -eve, -evo/a, -ivo/a*	Palabras que empiezan por *bu-, bur-, bus-*	Palabras que empiezan por *villa-, di-*
…	…	…	…

Formación de sustantivos

El reportaje que emitieron ayer por la tarde trató el tema de las diferentes edades de los seres humanos: niñez, juventud, madurez y vejez.

Fue muy ameno porque la periodista iba entrevistando a algunos jóvenes, de entre 20 y 30 años, y les pedía que identificaran cada etapa con algún concepto.

Muchos de ellos pensaban en frescura cuando hablaban de la niñez, en libertad al referirse a la juventud, y en tranquilidad al definir la madurez. Nadie dijo nada de la vejez.

52. Observa las palabras destacadas en verde e intenta pensar de qué otras palabras provienen.

Los hablantes de una lengua disponen de varios mecanismos para formar palabras nuevas. Uno de los más habituales es añadir afijos a las raíces.

Por ejemplo, en el texto anterior hay sustantivos como *niñez*, *juventud*, *libertad* y *frescura* que se han formado uniendo **afijos** (***-ez***, ***-tud***, ***-ad***, ***-ura***) a la **raíz**.

Se llama **derivación nominal** la que permite formar sustantivos, normalmente a partir de otras categorías gramaticales.

Los sustantivos resultantes pueden venir de:

- **Sustantivos**: *basura* > *basurero*; *reloj* > *relojero*.
- **Adjetivos**: *nuevo* > *novedad*; *amable* > *amabilidad*.
- **Verbos**: *jurar* > *juramento*; *cocer* > *cocción*.

Sufijos que forman sustantivos:

-ad: *bondad*
-ación: *fundación*
-aje: *pasaje*
-ajo: *pequeñajo*
-ancia: *ganancia*
-ante: *caminante*
-anza: *cobranza*
-encia: *dolencia*
-ero: *frutero*
-eza: *pereza*
-ez: *acidez*
-ía: *maestría*
-ismo: *civismo*
-ista: *artista*
-or: *pintor*
-ura: *dulzura*

53. Encuentra los ocho sustantivos derivados que están escondidos en la sopa de letras siguiente. Cuando los señales, explica de qué otra palabra proceden y clasifícalos como sustantivos procedentes de verbos, de adjetivos o de otros nombres:

J	F	U	T	B	O	L	I	S	T	A	Z	T
U	L	E	N	T	I	T	U	D	V	Z	B	A
S	P	E	L	U	Q	U	E	R	O	A	E	C
T	L	M	I	W	S	A	Y	U	R	O	L	A
I	F	U	D	H	E	C	S	B	T	W	L	M
C	X	O	J	P	R	S	S	Q	I	K	E	P
I	T	V	X	K	T	G	Z	X	H	R	Z	A
A	R	T	O	L	E	R	A	N	C	I	A	D
X	E	M	B	A	R	C	A	D	E	R	O	A

54. Forma sustantivos que deriven de:

- **Sustantivos**: *arte*, *alumno*, *banco*, *educación*, *industria*, *editor*, *mesa*, *azúcar*, *sal*, *carta*.
- **Adjetivos**: *violento*, *ambiguo*, *tolerante*, *honesto*, *espontáneo*, *ancho*, *prudente*, *pequeño*.
- **Verbos**: *concursar*, *florecer*, *consumir*, *elegir*, *recoger*, *gruñir*, *nutrir*, *pretender*, *comprender*.

55. Escribe en tu cuaderno los enunciados que sean correctos:

- ☐ *Fealdad* proviene de un sustantivo.
- ☐ *Pinar* proviene de otro sustantivo.
- ☐ *Despertador* proviene de un verbo.
- ☐ *Torpeza* proviene de un adjetivo.
- ☐ *Escritor* proviene de un sustantivo.
- ☐ *Jefatura* proviene de un adjetivo.

4 Lo que siento

Haikus para la vida cotidiana

¡Hacemos poesía!

¿Es un imperio
esa luz que se apaga
o una luciérnaga?

Jorge Luis BORGES

Tiembla el rocío
y las hojas moradas
y un colibrí.

Mario BENEDETTI

Los haikus son breves composiciones poéticas de tres versos, de 5, 7 y 5 sílabas respectivamente. Proceden de la poesía tradicional japonesa.

Cada uno de vosotros redactará un haiku inspirado en un acto simple como:

- Beber un vaso de agua.
- Mirar las hojas de un árbol.
- Sentir la lluvia.

1. Observa estos dedos emocionados. Indica cuál está: desolado, confundido, divertido, enfadado, amoroso, avergonzado, asombrado, risueño.

2. ✅ Indica qué expresiones implican sentimientos:

- Está que echa humo.
- Tiene la mosca detrás de la oreja.
- Hablamos a calzón quitado.
- Lo calculó a ojo de buen cubero.
- Lo que te dije no te lo tomes a la tremenda.

En esta unidad...

- Estudiarás distintos tipos de descripciones y a describir los sentimientos.
- Aprenderás a manifestar emociones diferentes en un discurso oral.
- Escribirás descripciones de emociones y sentimientos.
- Trabajarás uno de los tres grandes temas de la poesía: la muerte.
- Estudiarás el grupo adjetival y el grupo adverbial.
- Practicarás la ortografía de la *b* y la *v*.
- Utilizarás afijos para formar adjetivos.

Lectura

Antes de leer

En la obra *El jorobado de Notre Dame*, el escritor del Romanticismo Víctor Hugo describe la vida de Quasimodo, un niño jorobado que fue abandonado al nacer cerca de Notre Dame, en París. Allí, Quasimodo creció y habitó como campanero de la catedral. Repudiado por casi todos, el protagonista se enamoró de Esmeralda, la primera mujer que se mostró amable con él.

- Los escritores románticos se sentían atraídos por personajes marginados socialmente. ¿Qué rasgos crees que posee Quasimodo para que el autor lo haya convertido en el personaje principal de su obra?
- ¿Qué otros personajes marginados conoces que hayan sido protagonistas de novelas o de películas? ¿Tienen algo en común con Quasimodo?

ESTRATEGIA DE COMPRENSIÓN

Relaciona los objetos, personajes o lugares del texto con las sensaciones que te provocan como lector (melancolía, tristeza, alegría, euforia, desesperación, etc.).

Repiques de campanas

Como campanero de la catedral, Quasimodo siempre había aprovechado la menor excusa para adornar los aires de París con un bordado de repiques. Desde el amanecer hasta la noche, apenas había una hora en que las campanas de Notre Dame no sonasen, bien para llamar a misa o bien para anunciar una boda o un entierro. Quasimodo dominaba por igual el tañido[1] reposado de los funerales y la música jubilosa de los días de fiesta, y había convertido el campanario en un instrumento que le permitía gritar a los cuatro vientos la tiniebla de sus tristezas y el alivio de sus alegrías. [...]

Pero desde que había pasado por la picota[2], Quasimodo tocaba las campanas con menos frecuencia que nunca. Parecía como si los latigazos que había recibido en el cuerpo todavía repercutiesen en el fondo de su alma, y Notre Dame se hundía en una extraña tristeza. Paseaba taciturno[3] por las penumbras[4] de aquel templo que había sido el nido de su niñez y la patria de su juventud, y tan solo parecía recobrar los ánimos cuando subía a las torres de la catedral para clavar su mirada en el hermoso panorama de París, lleno de casas que se arracimaban[5], de puentes arqueados sobre el Sena y de campanarios que emergían como lanzas por entre un mar de tejados.

Pero en los últimos tiempos ni siquiera aquella belleza extraordinaria lograba disipar su honda melancolía. Quasimodo se sentía más desgraciado que nunca y lamentaba que los parisinos lo aborreciesen sin motivos, pues en verdad no era más que un salvaje con un corazón de niño. Si rehuía a la gente y apenas salía de Notre Dame era porque se sentía más cómodo entre las estatuas y las gárgolas[6] de la catedral que entre los seres humanos.

Sin embargo, en la mañana de la Anunciación[7], las campanas de Notre Dame recobraron de pronto el entusiasmo de sus mejores días. Desde lo alto de una de las torres, Quasimodo vio a Esmeralda bailando en la plaza, y fijó en ella una mirada soñadora y alegre. Con el corazón inundado de felicidad, el jorobado corrió hacia las campanas y comenzó un repique inolvidable que echó a volar en desbandada a todas las palomas de París. La catedral entera parecía tambalearse con aquel son vibrante y gozoso. Quasimodo se subió a lomos de la Gran María, la campana mayor de la catedral, y la volteó aferrándola entre sus rodillas como un jinete que intentase dominar un caballo furioso. [...]

Cuando la gente de París oyó aquel repique abrumador, se reunió al pie de la catedral y comenzó a preguntarse qué le pasaba a Quasimodo.

–Estará enamorado –dijo alguien.

Y no se equivocó. En el cálido corazón del jorobado, la Gran María había encontrado una hermosa rival con la piel dorada y unos ojos bellísimos de zíngara.

Víctor HUGO: *El jorobado de Notre Dame* (adaptación), ilustrado por Alberto Urdiales. Ed. Vicens Vives, 2013.

1. **tañido:** toque de campana.
2. **picota:** instrumento sobre el que se azotaba a los criminales delante del pueblo para exponerlos a la vergüenza pública.
3. **taciturno:** silencioso, que le molesta hablar.
4. **penumbra:** sombra.
5. **arracimarse:** juntarse varias cosas en forma de racimos.
6. **gárgola:** parte final del caño de desagüe que está esculpida en forma de animal o figura humana.
7. **Anunciación:** fiesta religiosa que se celebra el 25 de marzo.

Comprensión lectora

Localiza

1. ¿Cuáles son las funciones principales del repique de campanas en las iglesias o catedrales?
2. ¿Qué relación tiene la picota con la energía y frecuencia del repique de campanas de Quasimodo?
3. ¿Existen motivos para que la gente aborrezca a Quasimodo? Justifica tu respuesta a partir del texto.

Interpreta

4. ¿Por qué los parisinos podían interpretar el estado de ánimo de Quasimodo sin ver al campanero?
5. ¿Pueden despertar sentimientos contradictorios los objetos, las personas o los lugares? ¿Por qué? Relaciónalo con ejemplos de tu propia experiencia.
6. Explica con tus propias palabras el significado de esta frase: "La Gran María había encontrado una hermosa rival con la piel dorada y unos ojos bellísimos de zíngara".

Valora

7. Selecciona grupos nominales que reflejen los estados de ánimo de Quasimodo.
8. ¿Piensas que en los relatos se combinan con frecuencia la narración y la descripción? Pon ejemplos del texto.
9. ¿Crees que son necesarias las comparaciones y las metáforas para la descripción de sentimientos? Pon ejemplos del texto y explícalos.

Los textos descriptivos

1. La descripción de los sentimientos

Describir es explicar con detalle los rasgos característicos de personas, animales, lugares, objetos, sentimientos o emociones.

En función de la intención del emisor, hay dos maneras de describir nuestro entorno:

- De forma **objetiva**: expone la realidad tal cual es, con un fin informativo.
- De forma **subjetiva**: muestra la realidad tal y como la percibe el escritor.

En la **descripción de sentimientos** predomina una visión intimista, es decir, **subjetiva**, porque nadie mejor que uno mismo es capaz de describir lo que siente.

El léxico de los sentimientos es uno de los más ricos de nuestra lengua porque, a veces, cada palabra define un matiz. Observa: *desgana*: *inapetencia, apatía, abulia...*; *deseo: anhelo, ansia, interés...*; *entusiasmo: emoción, ánimo, fervor...*; *intranquilidad*: *inquietud, nerviosismo, agitación...*

Inventa oraciones con los sustantivos de la izquierda que expresan sentimientos y explica qué matices de significados aporta cada uno.

La causa de los sentimientos

De la misma forma que se observa un objeto, un lugar o a una persona, también es necesario observar los sentimientos para identificar las emociones y las causas que los provocan. No es suficiente con explicar lo que vemos a través de la vista, hay que percibir esa realidad, además, a través del tacto, del oído, del gusto y del olfato. Observa el ejemplo:

A veces me siento agradecida, tan absolutamente perdida en el momento de pasión que mi juicio se nubla y lo único que veo es a él. Otras veces pienso en el sufrimiento que me causó, en el profundo dolor por la pérdida de mi antiguo yo, en el caos de esos momentos en los que me sentía como si mi mundo estuviera patas arriba.

Anna TOOD: *After.* Ed. Planeta, 2015.

Sentimiento 1: confusión.
Causa que lo provoca: él (el chico del que se enamoró).

Sentimiento 2: sufrimiento.
Causa que lo provoca: de nuevo él.

10. ¿Qué aspectos positivos observas en tus compañeros? El profesor dirá varios números al azar y comprobará en la lista a qué alumnos corresponden. Cada uno de ellos se pondrá delante del resto y observaréis sus ojos, su sonrisa, sus gestos... Deberéis expresar todos los aspectos positivos que refleja su rostro.

11. Identifica los sentimientos que expresa el protagonista del relato de la derecha. ¿Qué crees que los provoca? ¿Con qué lo compara? Puede servirte de ayuda saber que el protagonista está en medio de una gran tormenta:

Entonces lo sentí: algo me mordió el cuerpo; el rostro, el hombro, las piernas. Me agitó como un muñeco y me hizo volar.

Aquella caja fuerte de mil toneladas cayó en el centro de mi cabeza. Me aplastó, me hizo caer sobre mis rodillas al suelo, y después reventó como si llevase dentro mil kilos de explosivo. Mis oídos no pudieron con aquel sonido. Se apagaron.

Después oí mi propio grito. Seguí cayendo en una negrura sin final.

Mikel SANTIAGO: *La última noche en Tremore Beach* (adaptación). Ediciones B, 2014.

2. El lenguaje de los sentidos

- Es habitual el uso de enumeraciones.
- Para describir las sensaciones se utilizan muchos adjetivos, comparaciones y metáforas: *su boca de fresa, susto monumental, alegría inmensa, grande como un bosque infinito...*
- Es frecuente el uso de verbos copulativos: *ser*, *estar* y *parecer*.
- Los adjetivos pueden referirse a un objeto percibido por dos sentidos (sinestesia): *mirada fría / sabor helado...*

En las descripciones objetivas o técnicas predomina la **función representativa** del lenguaje.

En cambio, si la intención comunicativa es expresar sentimientos, predominará la **función emotiva**.

3. Los sentidos se mezclan

La **sinestesia** es la figura retórica que consiste en unir dos ideas o dos sensaciones procedentes de distintos campos sensoriales (vista, oído, tacto, gusto y olfato).

Hay personas sinestésicas que ven uno o varios colores siempre que oyen una nota musical.

Este recurso se aplica frecuentemente en la descripción de sensaciones:

Laura entró en su casa sin apenas mirar a su hermana, fue directa a la cocina pues quería encender la estufa para calmar ese frío silencioso que le paralizaba los pies. Había un silencio oscuro casi lúgubre y... entonces lo vio, allí sentado, observándola con esa mirada cálida.

12. Vuelve a leer el texto anterior, identifica las sinestesias y explica su significado.

13. Lee el siguiente texto y contesta a las preguntas que tienes a continuación:

No está loca. Y, sin embargo, su ropa suena. Cuando abre el armario y observa con detenimiento sus camisetas de colores es capaz de escuchar el *Himno de la Alegría*. Si combina azul celeste con naranja, suena la banda sonora de la película *Tiburón*. No está loca: Ruth Rubio es sinestésica.

Rubio escucha todos los colores. "El rojo me suena a do, el azul a sol y el negro es silencio. Hoy voy vestida muy armónica (jersey rojo, pantalones azules y zapatillas rojas) y mi ropa suena así: dooooo-soool-doooo. Y me gusta", cuenta esta onubense de 24 años mientras reproduce los sonidos que asegura escuchar.

Marina GÓMEZ-ROBLEDO: "Cuando el rojo suena a do" (adaptación), 3 de junio de 2014, *El País*. Web [Consulta: 3 de diciembre de 2015].

a. ¿Qué sentidos mezcla esta mujer?

b. ¿Qué significa para Rubio "sinestésica"?

14. Escribe para cada sustantivo un adjetivo lógico, uno ilógico y uno que pertenezca a otro sentido. Después, inserta cada grupo en una oración:

color mirada voz gusto sonido olor

15. Define estas emociones con tus palabras mediante sinónimos. A continuación, relaciónalas con algún momento de tu vida (no olvides explicar cuál es la causa que las motivó):

Positivas: alegría, gratitud, serenidad, interés, esperanza, orgullo, amor...

Negativas: ira, miedo, tristeza, estrés, vergüenza, aversión, enfado...

16. Escribe adjetivos que puedan definir los sentidos y después imagina que estás sentado en una gran roca contemplando el mar. Describe esta situación usando el mayor número de sentidos posible:

- vista: redondo, verde...
- oído: agudo, bullicioso...
- gusto: agridulce, amargo...
- olfato: agradable, fétido...
- tacto: áspero, pegajoso...

ESCUCHO Y HABLO

1 La música y las emociones

Escucha el texto y después contesta a las preguntas:

a. ¿En qué consistió el experimento que se produjo en Camerún? ¿Qué se descubrió?

b. Las músicas que despiertan la emoción de la tristeza suelen tener tonos graves con pocas variaciones y ritmo lento. Según esto, ¿cómo será la música que despierte el sentimiento de la alegría?

c. Comenta lo que se dice en el audio sobre la utilización que se hace de la música en el cine.

d. Indica qué afirmaciones se han hecho en el texto y cuáles no:

- ☐ El cerebro utiliza las emociones para dar sentido a todo aquello que experimenta.
- ☐ La música ayuda a unir a las personas.
- ☐ Hay emociones buenas y emociones malas.
- ☐ Las emociones han ayudado a la especie humana a sobrevivir.

2 Recitar poemas

Para que podáis sentir la fuerza y las emociones que transmite la voz, os proponemos una lectura colectiva, todos a una. Tendréis que ensayarlo hasta que salga perfecto. Seguid estas indicaciones:

1. Leed el poema dándole la siguiente entonación:
   - Primera lectura a ritmo normal y volumen medio.
   - Segunda lectura a ritmo lento y en un susurro.
   - Tercera lectura a ritmo rápido y volumen fuerte.

Yo voy soñando caminos

En el corazón tenía
la espina de una pasión;
logré arrancármela un día:
ya no siento el corazón.

Y todo el campo un momento
se queda, mudo y sombrío,
meditando. Suena el viento
en los álamos del río.

Antonio MACHADO

2. Cuando salga perfecto, grabadlo en clase y escuchadlo. Comentad entre todos lo que habéis sentido, como, por ejemplo:
   - Alguna sensación física (en la espalda, en el pecho, en la garganta...).
   - Alguna emoción (temor, vergüenza, alegría...).
   - Algún sentimiento (solidaridad, optimismo, empatía...).

Recuerda que:

Tu **voz** puede tener muchos matices. Utilízalos para atraer, convencer, disculparte, animar...

3 Seis emociones básicas

a. Dividíos en grupos de seis. Cada componente escogerá una emoción de las que tenéis a la derecha e intentará expresarla con su rostro.

b. Haceos una foto para poder observar esa emoción en los rasgos de vuestra cara.

c. Cada miembro del grupo describirá oralmente los rasgos que el compañero expresa en la fotografía.

d. Seguidamente, recitaréis el fragmento del poema de Antonio Machado de la actividad anterior, cada uno con la entonación de la emoción que hayáis elegido.

4 La expresión de las emociones

Escucha el texto e indica qué enunciados se han afirmado:

- ☐ Las emociones nos ayudan a sobrevivir.
- ☐ Es innecesario sentir miedo.
- ☐ Las emociones indican que algo importante sucede o puede suceder.
- ☐ El miedo nos ayuda a correr más.
- ☐ La repugnancia nos previene de comer algo venenoso.
- ☐ Las emociones nos distraen.
- ☐ Necesitamos emociones para tomar decisiones, comunicarnos y comprender a otras personas.
- ☐ Los estudios de Elkman sobre la expresión facial de las emociones se utilizan en las películas de dibujos animados.
- ☐ Todas las culturas tienen las mismas expresiones faciales.

5 Reconocer emociones

Observa las emociones que expresan estos dibujos y reconoce cada una de ellas. A continuación, explica por qué rasgo facial las has identificado:

alegría | tristeza | enfado | miedo

sorpresa | satisfacción | desolación

ESCRIBO

1 Un cartel de emociones

Dividid la clase en seis grupos para realizar carteles sobre los seis sentimientos que tenéis a la derecha:

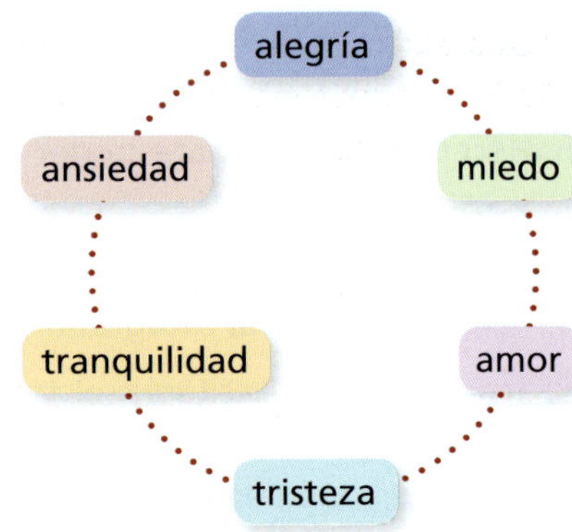

▶ **Preparación**

a. Cada grupo debe seleccionar una emoción y asignarle los sinónimos de la lista siguiente que le correspondan:

afecto	desasosiego	excitación	mimo
aflicción	desazón	felicidad	pánico
amargura	desdicha	gozo	pavor
angustia	melancolía	horror	pena
ansia	desgracia	dolor	placer
atracción	diversión	júbilo	quietud
cariño	intranquilidad	deseo	regocijo
congoja	entusiasmo	pasión	calma
reposo	serenidad	sosiego	gusto
temor	veneración	zozobra	sorpresa

b. Después, escribid una descripción del sentimiento o emoción elegida, en la que se incluyan varios de los sinónimos que le correspondan.

c. Describid situaciones vividas en las que hayáis sentido intensamente esa emoción o sentimiento.

d. Buscad imágenes o vídeos que aludan a la emoción escogida.

▶ **Elaboración**

Realizad el cartel en una cartulina o bien usando alguna aplicación de un dispositivo electrónico (tableta, móviles...).

▶ **Revisión y reescritura**

Revisad el cartel y reescribidlo si es necesario. Para ello, fijaos en que el texto cumpla los siguientes puntos:

1. La descripción debe contener sinónimos de la palabra y no puede ser técnica ni objetiva, sino cercana a lo que para vosotros significa esa emoción o sentimiento.
2. El pequeño relato que se introduzca debe ser verosímil y estar directamente relacionado con el sentimiento definido.
3. Las imágenes, vídeos, audios... que se utilicen también deben guardar una relación directa con el sentimiento sobre el que se realiza el cartel.
4. El trabajo debe ser claro para que vuestros compañeros y compañeras puedan entenderlo. Debe reescribirse aquello que no sea preciso o no se comprenda bien.
5. Por último, imprimid el cartel y exponedlo en clase.

2 Un día muy feliz y un día muy triste

Vas a escribir sobre dos días que, por distintos motivos, te hayan marcado. Todos tenemos recuerdos sobre días felices y días tristes. Selecciónalos, escribe sobre ellos y lee el texto en voz alta delante de tus compañeros.

▶ **Preparación**

a. Recuerda momentos felices y momentos tristes.

b. En tu cuaderno, anota de manera automática, es decir, sin preocuparte por la forma y la corrección, qué sucedió aquel día, qué sentiste, cómo te marcó esa experiencia, quiénes te acompañaron, qué pasó a partir de entonces...

c. Organiza en dos columnas tus recuerdos:

Un día muy triste
• Mi tío se fue a vivir a Alemania. • Tristeza. • Lo llamaba por teléfono. • ...

Un día muy feliz
• Adoptamos a mi perrita. • Alegría. • Jugar con ella. • ...

d. Busca fotografías de aquellos momentos o haz algún dibujo.

e. Estructura tu relato en varios párrafos y, de nuevo, en dos columnas, especifica qué vas a poner en cada párrafo:

Un día muy triste
• 1.er párrafo: Lo que sucedió. • 2.º párrafo: Cómo me sentí. • 3.er párrafo: Qué pasó a partir de entonces.

Un día muy feliz
• 1.er párrafo: Lo que sucedió. • 2.º párrafo: Cómo me sentí. • 3.er párrafo: Qué pasó a partir de entonces.

▶ **Escritura y revisión**

Redacta la historia, que debe ocupar, como mínimo, una página:	✔ Sí	✘ No
¿Cada párrafo contiene la idea prevista?		
¿Uso la 1.ª persona?		
¿Uso los adjetivos que definen mejor mi estado de ánimo?		
¿Enriquezco el relato con comparaciones o metáforas?		
¿Hay repeticiones? Si es así, busca sinónimos.		
¿Uso los conectores apropiados para dar cohesión al texto?		
¿Las fotografías o dibujos guardan relación con todo lo que digo?		
¿Esta bien presentado: buena letra, limpio...?		
¿He revisado la ortografía?		
¿Lo he leído expresando la emoción que sentí en aquel momento?		

El genéro lírico (III)

Cántico doloroso al cubo de la basura

Tu curva humilde, forma silenciosa,
le pone un triste anillo a la basura.
En ti se hizo redonda la ternura,
se hizo redonda, suave y dolorosa.

Cada cosa que encierras, cada cosa
tuvo esplendor, acaso hasta hermosura.
Aquí de una naranja se aventura
la herida piel que en el olvido posa.

Aquí de una manzana verde y fría
un resto llora zumo delicado
entre un polvo que nubla su agonía.

Oh, viejo cubo sucio y resignado,
desde tu corazón la pena envía
el llanto de lo humilde y lo olvidado.

Rafael MORALES

Los bosques de Pennsylvania

Cuando un árbol gigante se suicida,
harto de estar ya seco y no dar pájaros,
sin esperar al hombre que lo tale,
sin esperar al viento,
lanza su última música sin hojas,
sinfónica explosión donde hubo nidos,
crujen todos sus huecos de madera,
caen dos gotas de savia todavía
cuando estalla su tallo por el aire,
ruedan sus toneladas por el monte,
lloran los lobos y los ciervos tiemblan,
van a su encuentro las ardillas todas,
presintiendo que es algo de belleza que muere.

Gloria FUERTES

17. Indica qué enunciado expresa mejor el contenido del primer poema:

- ☐ El poeta reflexiona sobre el fin de todo, representado por esas cosas pequeñas, humildes y olvidadas que acaban en la basura.
- ☐ El poeta alaba la humildad del cubo de basura.
- ☐ El poeta recuerda con dolor todas las cosas que acaban en la basura.

18. ¿Qué esquema métrico tiene el primer poema?

19. Indica cuál de estos enunciados refleja mejor el contenido del segundo poema:

- ☐ La poeta describe un árbol seco.
- ☐ La poeta describe el dolor de los animales por la muerte de un árbol.
- ☐ La poeta describe el suicidio de un árbol y se duele de la pérdida de tanta belleza.

20. ¿Tienen rima los versos del segundo poema? ¿Qué nombre reciben esos versos?

1. La expresión del dolor

El dolor, la pena y la angustia forman parte de la experiencia humana y son la base de numerosas composiciones líricas.

En ocasiones, el poeta expresa su dolor abiertamente y de forma directa; otras veces, para no expresar directamente sus sentimientos, lo hace a través de metáforas y símbolos que aluden a esa realidad.

Fíjate en el poema de la derecha ("Esto no es nada" del poeta Ángel González) y observa de qué manera simple pero contundente expresa el autor su dolor por lo poco que perduran todas las cosas del mundo.

Si tuviésemos la fuerza suficiente
para apretar como es debido un trozo de madera,
solo nos quedaría entre las manos
un poco de tierra.

[...]

Y si fuese posible aún
oprimir el agua,
ya no nos quedaría entre las manos
nada.

Ángel GONZÁLEZ

2. El tema de la muerte

El dolor por la **muerte** de un ser querido se ha mostrado en la poesía con gran emoción a través de la **elegía**. Las *Coplas a la muerte de mi padre*, escritas en el siglo XV por Jorge Manrique, sirvieron de modelo a elegías posteriores, como el *Llanto por Ignacio Sánchez Mejías*, escrito por Federico García Lorca en 1935.

Miguel Hernández, a su vez, escribió *Hijo de la luz y de la sombra*, dedicada a la muerte de su hijo con tan solo diez meses de edad, inspirándose en la elegía de García Lorca.

La **elegía** es un poema lírico extenso que expresa sentimientos de dolor por la pérdida de un ser querido o por una desgracia colectiva.

La sangre derramada

No hubo príncipe en Sevilla
que compararsele pueda,
ni espada como su espada,
ni corazón tan de veras.
Como un río de leones
su maravillosa fuerza,
y como un torso de mármol
su dibujada prudencia.
Aire de Roma andaluza
le doraba la cabeza
donde su risa era un nardo
de sal y de inteligencia.
¡Qué gran torero en la plaza!
¡Qué gran serrano en la sierra!
¡Qué blando con las espigas!
¡Qué duro con las espuelas!
¡Qué tierno con el rocío!
¡Qué deslumbrante en la feria!
¡Qué tremendo con las últimas
banderillas de tiniebla!

Federico GARCÍA LORCA: *Llanto por Ignacio Sánchez Mejías* (fragmento)

Copla XXV

Aquel de buenos abrigo,
amado por virtuoso
de la gente,
el maestre don Rodrigo
Manrique, tan famoso
y tan valiente [...]

Copla XXVI

Amigo de sus amigos,
¡qué señor para criados
y parientes!
¡Qué enemigo de enemigos!
¡Qué maestro de esforzados
y valientes!

Jorge MANRIQUE: *Coplas a la muerte de mi padre* (fragmentos)

21. ¿Cuál es el término real de la metáfora pura que hay en los dos últimos versos de Lorca?

22. ¿Qué quiere decir Jorge Manrique cuando habla de que su padre era "abrigo de los buenos"? ¿Qué cualidades destaca Jorge Manrique de su padre?

23. ¿En qué se parece la elegía de Jorge Manrique a la de Federico García Lorca? ¿Qué características deduces que tiene la elegía a partir de estos dos fragmentos de poemas?

24. ¿Qué recurso literario ves en ambas elegías?

¡AHORA HAZLO TÚ!

Escribe un poema

Con un poema puedes expresar tus ideas, desahogar tus emociones, transmitirle a alguien tus sentimientos de afecto, agradecimiento o disgusto... Además, puedes también celebrar una fecha importante. Escribir un poema es un regalo muy personal y seguro que quien lo reciba te lo agradecerá de verdad.

No es difícil escribir un poema, solo has de ser sincero, tener algo que decir y ganas de hacerlo de la forma más bonita posible. Para ayudarte en tu labor están las **figuras retóricas**.

Si quieres, el poema puede tener **rima** y mucho **ritmo**, como un rap, aunque también puedes hacerlo sin rima; el ritmo lo conseguirás con recursos como el paralelismo, la anáfora o el estribillo.

14 de FEBRERO
Día de los Enamorados

19 de MARZO
Día del Padre

21 de MARZO
Día de la Poesía

2 de ABRIL
Día del Libro Infantil

Primer domingo de MAYO
Día de la Madre

1 Lee las siguientes recomendaciones y, a continuación, completa el poema de la derecha. Después, elige un verso de algún poeta que te guste como **inicio de tu poema**:

El primer verso

Lo más difícil en un poema es encontrar el primer verso. Te ofrecemos algunas ideas:

- Recoge en un frase sencilla una idea que te guste y suene bien sobre lo que quieres escribir.
- Abre un libro de poemas al azar y elige un verso, o bien escoge un verso de tu poeta preferido como inicio de tu poema. Continúalo a tu gusto.

No te preocupes porque el primer verso sea un "préstamo". Si quieres, una vez avance el poema puedes prescindir de él o quedártelo. En el caso de que lo utilices en tu composición, recuerda ponerlo como una cita al inicio del poema con el nombre del autor.

Por una mirada, un mundo;
por una sonrisa, un cielo.
Gustavo Adolfo BÉCQUER

Por una ... un ...;
Por una ... un ...;
Por una ... un ...;
yo te doy ... si tú ... me das,
porque eso es la amistad.
(Firma tu poema)

2 Completa el poema de la derecha escribiendo lo que se indica entre paréntesis. Lee antes la información que tienes a continuación. Recuerda que debes elegir un **destinatario** y un **tema**:

El poema

Ya tienes el primer verso. Ahora debes poner en funcionamiento todo lo que aprendiste sobre figuras retóricas y ritmo. Utilizar el paralelismo y la anáfora, por ejemplo, te ayudará a darle forma.

Si usas el paralelismo, a tu poema le vendrá bien un poco de sorpresa con una antítesis: si las primeras estrofas tienen contenido positivo, la última ha de tener contenido negativo; en cambio, si las primeras estrofas tienen contenido negativo, la última debería tener contenido positivo. Esta figura retórica te ayudará a expresar tanto una ruptura como una reconciliación.

Tú fuiste para mí
como ... (comparación),
y ... (comparación).
Tú fuiste para mí
como ... (comparación),
y ... (comparación).
Tú eres para mí
... (comparación o metáfora).
(Firma tu poema)

5 de JUNIO
Día del Medio Ambiente

12 de JUNIO
Día contra el Trabajo Infantil

30 de JULIO
Día de la Amistad

21 de SEPTIEMBRE
Día de la Paz

4 de OCTUBRE
Día de los Animales

20 de NOVIEMBRE
Día del Niño

10 de DICIEMBRE
Día de los Derechos Humanos

3 ✅ Escribe un poema utilizando **metáforas** y **comparaciones** a imitación de "Los bancos del parque son":

Los bancos del parque son
islas en las que nos perdemos
tú y yo.

Las calles del barrio son
ríos donde nos encontramos
tú y yo.

Las noches tan largas son
horas en las que nos soñamos
tú y yo.

E. ESCRIBANO

Metáfora y comparación

Son recursos que se basan en la semejanza de contenidos. Si las combinas con las antítesis, la eficacia está asegurada.

4 ✅ Escribe un poema utilizando la **diseminación** y la **recolección**. Utiliza como modelo "Como en la noche clara":

Como en la noche clara
así leo yo en tu alma.

Como la noche oscura
es tu pelo y tu cintura.

Tu cintura, tu alma y tu pelo
son las alas con las que vuelo.

E. ESCRIBANO

Diseminación y recolección

Consiste en distribuir a lo largo del poema una serie de metáforas o comparaciones que se recogen en el último verso.

5 Dividid la clase en grupos de cinco alumnos para crear un **poema colectivo** en el que cada miembro aporte su granito de arena.

El profesor escribe un verso en un papel y, sin que nadie lo haya visto, lo pasa al primer alumno de cada grupo, que tendrá que continuarlo con un verso o dos.

A continuación, este lo pasa al siguiente alumno, que debe hacer lo mismo, así hasta que acabe la primera ronda.

Puede haber más de una ronda de versos, dependiendo de lo largo que queramos hacer el poema.

Lo importante es que los participantes jueguen con el lenguaje y los recursos estilísticos: metáforas, comparaciones, anáforas, conversiones, paralelismos y antítesis. En cada poema debe haber, al menos, dos recursos estilísticos.

Al final, cada grupo repasa su poema, le da la forma definitiva y lo comparte con los otros grupos de la clase.

El grupo adjetival y el grupo adverbial

La flor de amor

Pitá, el guerrero más valiente de los guaraníes, estaba a punto de casarse con la joven Moratí. Los dos se querían tanto que no se separaban ni a sol ni a sombra. [...]

Moratí era bella pero peligrosamente altiva. Estaba convencida de que todo el mundo debía someterse a sus caprichos. Un día, cuando paseaba junto al río con otras muchachas de su edad, declaró con arrogancia:

–Pitá me quiere tanto que hará por mí todo lo que le pida. Si no me creen, ahora mismo se lo demostraré.

Entonces, Moratí decidió poner a prueba a su amado. Se quitó uno de los brazaletes que Pitá le había regalado y lo lanzó al agua. Luego fue en busca del joven guerrero y le dijo:

–Se me ha caído un brazalete al fondo del río. Métete y tráemelo.

Pitá se lanzó a la corriente del Paraná y desapareció bajo las aguas. Entonces las amigas de Moratí se reunieron en la orilla esperando a que el joven saliera. Esperaron durante mucho rato, y al final sus temores se cumplieron. Pitá, pese a ser tan fuerte y habilidoso, no salió de las aguas. [...]

Jesús BALLAZ: *La laguna de oro y otras leyendas de América Latina* (adaptación), ilustrado por Jesús Gabán. Ed. Vicens Vives, 2012.

25. ¿Quiénes son Pitá y Moratí? ¿Qué relación los une?
26. ¿Con qué palabras se describen las cualidades de Pitá? ¿Son físicas o morales?
27. ¿Con qué palabras se describen las cualidades de Moratí? ¿Són físicas o morales?
28. ¿Cómo se llaman aquellas palabras que se utilizan para describir o expresar las cualidades de los sustantivos?
29. Escribe brevemente un desenlace para el relato que acabas de leer.

1. Características del GAdj

El **grupo adjetival** (GAdj) puede estar formado por un solo adjetivo calificativo o un grupo de palabras que tiene como núcleo un adjetivo calificativo.

Trabajo sencillo.
sencillo: adj — GAdj

Moratí era bella pero peligrosamente altiva.
bella: adj — GAdj
peligrosamente (mod) altiva (adj) — GAdj

@ Amplía en la Red...

Para saber más sobre el grupo adjetival, entra en www.tiching.com/738993.

2. Elementos del GAdj

Grupo adjetival (GAdj)

- Modificadores (mod)
  - **Adverbios intensificadores**: *muy, poco, bastante, demasiado, tan...*
    Adverbios acabados en *-mente*: *felizmente, absolutamente...*
    Exclamativos: *¡qué!, ¡cuánto!...*
  - *Muy*
- Núcleo (N)
  - **Adjetivo calificativo**
  - *rápido*
- Complementos del adj (CAdj)
  - **GPrep**
  - *de mente.*

Los componentes del grupo adjetival son los siguientes:

- **Núcleo**. Un adjetivo calificativo: *sencillo*, *valiente*...
- **Modificadores**. Se sitúan delante del adjetivo calificativo y suelen actuar intensificando el significado del adjetivo al que acompañan: *¡Qué cansado!*, *Especialmente útil*, *Tan lista*...
- **Complementos del adjetivo**. Son grupos preposicionales que se sitúan detrás del adjetivo: *Feliz del todo*, *Contento con su regalo*...

Como ya sabes, el GAdj funciona como CN dentro del GN:

Una historia muy triste de contar.

Una	historia	muy	triste	de contar
det	N	mod	N	CAdj
		CN (GAdj)		
GN				

3. Los adjetivos

Los **adjetivos calificativos** son palabras variables que expresan las cualidades del sustantivo al que acompañan y con el que concuerdan en género y número.

4. La forma de los adjetivos

Los adjetivos son **palabras variables** que concuerdan en género y número con el sustantivo al que identifican y califican: *oso blanco*, *sábanas blancas*. Hay adjetivos calificativos de dos terminaciones: *contento*, *contenta*, y de una terminación: *el niño feliz*, *la niña feliz*.

En los adjetivos distinguimos tres grados:

- El grado **positivo**. Es el que expresa una cualidad sin cuantificar: *edificio alto*.
- El grado **comparativo**. Es el que expresa la comparación de dos sustantivos a través de sus cualidades. Puede ser:
  - De **igualdad**: *Este edificio es tan alto como aquel.*
  - De **superioridad**: *Este edificio es más alto que aquel.*
  - De **inferioridad**: *Este edificio es menos alto que aquel.*
- El grado **superlativo**. Es el que expresa la cualidad del sustantivo a nivel muy alto: *simpatiquísimo*, *muy simpático*, *el más simpático*.

5. Características del GAdv

El **grupo adverbial** (GAdv) está formado por un adverbio o un grupo de palabras cuyo núcleo es un adverbio.

La novela está allí. — allí: adv → GAdv

Mi casa está bastante lejos de la tuya. — bastante: adv; lejos: adv; de la tuya: GAdj → GAdv

@ Amplía en la Red...

Para saber más sobre el grupo adverbial, entra en www.ticching.com/738994.

6. Elementos del GAdv

Grupo adverbial (GAdv)

- Modificadores (mod)
  - **Adverbios intensificadores**: *muy, poco, bastante, demasiado, tan...*
  - **Adverbios acabados en *-mente***: *felizmente, absolutamente...*
  - **Exclamativos**: *¡qué! ¡cuánto!...*
  - → *Muy*
- Núcleo (N)
  - **Adverbio**
  - → *lejos*
- Complementos del adv (CAdv)
  - **GPrep**
  - → *de mi casa.*

Como puedes comprobar, el grupo adjetival y el grupo adverbial se parecen mucho y tienen los mismos componentes. Esto es así porque ambos son **modificadores**: el grupo adjetival es el modificador de un sustantivo y el grupo adverbial es el modificador de un verbo, de un adjetivo o de otro adverbio. Observa cómo funciona el grupo adverbial:

- Modifica a un verbo como complemento:

  Comerá pronto. *Llegó muy tarde.*

- Modifica a un adjetivo dentro de un grupo adjetival:

  Especialmente difícil de resolver. — Especialmente: mod; difícil: N(adj); de resolver: CAdj → GAdj

- Modifica a un adverbio dentro de un grupo adverbial:

  Demasiado lento de reflejos. — Demasiado: mod; lento: N(adv); de reflejos: CAdv → GAdv

7. Los adverbios

Los **adverbios** son palabras invariables cuya función principal es la de modificador de un verbo, de un adjetivo o de otro adverbio.

Clases de adverbios:

Lugar: *aquí, allí, ahí, delante, detrás, encima, debajo, dentro...*

Tiempo: *ayer, hoy, mañana, anoche, antes, después, ahora, siempre...*

Modo: *así, deprisa, despacio, bien, mal...*

Cantidad: *más, menos, poco, mucho, bastante, algo, casi, nada, apenas...*

Afirmación: *sí, también, claro...*

Negación: *no, nada, tampoco...*

Duda: *acaso, quizás, tal vez...*

30. Para reconocer los grupos adjetivales tienes que subrayar primero el adjetivo calificativo y, a continuación, ver si le precede un modificador o si le sigue un complemento del adjetivo. Hazlo así en el siguiente texto:

Por la tarde, absolutamente empapados, llegamos al refugio.

Nos esperaban allí, muy preocupados, los excursionistas que habían salido mucho después que nosotros del hotel.

Había amanecido una mañana luminosa de verdad, y nada hacía esperar la lluvia torrencial que poco después caería sobre nosotros.

31. Analiza los siguientes grupos adjetivales:

- Espectacularmente iluminados por los focos.
- ¡Qué fácil de dibujar!
- Demasiado complicado para mí.
- Muy diferentes de nosotros.

32. Analiza los GN y los GAdj. ¿Qué función cumple el GAdj dentro del GN?

- Nuestro periódico preferido.
- Este pueblo abandonado a su suerte.
- Una camisa muy difícil de planchar.
- Una carretera destrozada por las inundaciones.

33. Para distinguir los adjetivos solo tienes que ponerle delante el adverbio *muy*. Utiliza este truco para distinguir y subrayar los adjetivos y los grupos adjetivales del siguiente párrafo. A continuación, realiza las actividades:

El muchacho era alto y fuerte, aunque no demasiado hablador. Tenía los ojos grandes y oscuros y sus cejas, pobladas, los hacían permanecer en la sombra casi siempre. Apenas sonreía, pero cuando lo hacía unos dientes blanquísimos, aunque desiguales, alegraban su rostro.

a. Señala en qué grado están los adjetivos.

b. Cambia el grado de los adjetivos que acabas de subrayar de manera que los que están en grado positivo pasen a superlativo y viceversa.

c. Busca información sobre el uso explicativo y especificativo del adjetivo y descubre un adjetivo explicativo en el texto.

34. Inventa la descripción de un personaje fantástico.Para ello debes utilizar los adjetivos en los tres grados: positivo, comparativo y superlativo. Recuerda utilizar al menos dos grupos adjetivales completos: mod + N + GPrep.

35. Subraya los adverbios y observa si tienen modificadores delante y complementos detrás. A continuación, subraya el grupo completo. Por último, analiza los elementos de los grupos adverbiales que hayas encontrado en este texto:

Muy cerca del río estaba la cabaña de Eliott. Tenía las ventanas medio rotas y el aire las hacía chirriar en cuanto soplaba un poco de viento.

El camino para llegar allí era bastante difícil de encontrar porque había que atravesar la cañada del Río Muerto, llena de las rocas desprendidas por los aluviones.

36. Señala a qué categoría gramatical modifican los adverbios en las siguientes frases:

- Llegó muy tarde.
- Bastante alto.
- Demasiado aprisa.
- Completamente inútil.

37. Detrás de un adverbio solo puede ir un GPrep y nunca un posesivo. Explica por qué no se puede decir: **detrás nuestro*, sino *detrás de nosotros*, y escribe correctamente lo siguiente:

*delante nuestro *cerca vuestro

*debajo suyo *encima tuyo

La *b* y la *v* (II)

Nuevas voces mucho menos lejanas atravesaron la selva hasta nosotros. Mi padre se puso bruscamente de pie, y en un instante mi madre hizo lo mismo. Yo volví mis ojos interrogantes a mi padre. El enemigo se acercaba.

Los gritos de los batidores[1] aumentaban en intensidad, y un momento después se comenzó a sentir un ruido sordo; eran los bambúes[2] golpeados violentamente. Así, en perfecto círculo, los batidores avanzaban golpeando, gritando, estrechando el cerco sin cesar, forzando a los animales cogidos en esa inmensa red.

Horacio QUIROGA: *El devorador de hombres* (adaptación), ilustrado por François Roca. Ed. Vicens Vives, 2003.

1. **batidor:** explorador que va abriendo camino comprobando que esté libre de enemigos o peligros.
2. **bambú:** planta de tallo largo y duro originario de la India.

38. Observa las letras destacadas en color rojo:

a. ¿Reconoces alguna de las reglas ortográficas que regulan el uso de la ***b*** en las palabras que la contienen en el texto?

b. Si las palabras que comienzan con el prefijo ***bi-*** se escriben con ***b***, ¿por qué *violentamente* se escribe con ***v***?

Observa estas reglas sobre el uso de ***b*** y ***v***:

Se escriben con *b*

- Las sílabas que llevan ***b*** y que siguen a ***ta***, ***te***, ***ti***, ***to***, ***tu***:, *tiburón, tobogán, turbina, taba…*
  Excepto: las formas verbales del pretérito perfecto simple del verbo *tener*: *tuvo, tuviste, tuvimos…*
- Las palabras que comienzan por los prefijos ***bi-***, ***bis-*** o ***biblio-***: *bilateral, bisnieto, biblioteca…*
- Los vocablos con ***bio***: *microbiología, biodiversidad…*
- Los verbos terminados en ***-bir*** y las formas que de ellos se derivan: *recibir, escribir, concebir…*
  Excepto: *hervir, servir* y *vivir.*
- Las palabras en las que la ***b*** precede a otra consonante o está en posición final de sílaba: *abdicar, obtener, amable…*
- Las palabras que tienen ***b*** justo después de las sílabas iniciales ***ha-***, ***he-***, ***hi-***, ***hu-***: *haba, hebilla, hibernar, hubo…*

Se escriben con *v*

- Las palabras que comienzan con las sílabas ***lla-***, ***lle-***, ***llo-***, ***llu-***: *llave, llevar, llovizna, lluvia…*
- Las palabras que empiezan por el prefijo ***vice-***, ***vi-*** o ***viz-*** ("en vez de" o "que hace las veces de"): *vicepresidente, vizconde, virrey…*
- Las palabras que empiezan por ***ad-*** o ***sub-***: *adversario, subvencionar…*
- Los casos en los que la encontramos después de las letras ***b***, ***d*** y ***n***: *obvio, advertir, invierno…*
- Los verbos y palabras que contienen ***v*** detrás de la secuencia ***ol***: *disolver, olvidar, polvo…*
- Las palabras en las que va detrás de la sílaba ***cla***: *clavel, esclavo, clavícula…*

39. Completa las siguientes oraciones con ***v*** o ***b***:

– O…tu…o un …uen resultado en las prue…as de ingreso a …iología, aunque ya ha…ía ad…ertido a todos que no i…a a dejarse lle…ar por el pesimismo, pasara lo que pasara.

– Se comportó de manera muy ama…le con él, pues para compensar su ol…ido le regaló un cla…el de color …ioleta.

– No conci…e un in…ierno sin poder pasar las tardes llu…iosas en la …i…lioteca.

La formación de adjetivos

40. Todas las palabras de la imagen son adjetivos:

- **a.** Escribe todas las palabras que identifiques y piensa de qué palabra derivan.
- **b.** ¿Qué significan? ¿Comparten significado con las palabras de las que derivan?

En español existen numerosos adjetivos que se forman añadiendo **sufijos** a una **raíz**. Esa raíz puede pertenecer a categorías gramaticales distintas.

Los adjetivos resultantes pueden proceder de:

- **Adjetivos**: *grande* > *grandioso*; *rosa* > *rosado*.
- **Sustantivos**: *metal* > *metálico*; *primavera* > *primaveral*.
- **Verbos**: *decorar* > *decorativo*; *huir* > *huidizo*.

Estos adjetivos pueden agruparse en dos grandes grupos de significado:

- Los que suelen expresar un concepto de **semejanza** o **relación**: *verdoso* ("similar al verde"), **intensificación**: *pequeñísimo* ("muy pequeño"), **tendencia a algo**: *asustadizo* ("que se asusta con facilidad"), **capacidad para**: *lavable* ("que puede lavarse"), etc.
- Los que **expresan relación** con algo o **pertenencia** a algo o **procedencia** de algún lugar: *histórico* ("relativo a la historia"), *asturiano* ("nacido en Asturias").

Sufijos que forman adjetivos:

-able: *manejable*	-ico/a: *enérgico*
-ente: *obediente*	-ivo/a: *auditivo*
-esco: *pintoresco*	-izo/a: *enfermizo*
-estre: *campestre*	-oso/a: *gracioso*
-ible: *irrompible*	-udo/a: *barbudo*

41. Señala los sufijos de los siguientes adjetivos, identifica su procedencia y clasifícalos en función del grupo de significado al que pertenecen:

mallorquín	sesudo	codicioso
televisivo	lunático	hiriente
pesadísimo	rentable	mineral
ventajoso	gracioso	grisáceo

42. Escribe los gentilicios de las siguientes localidades:

Albacete	Burgos	Valencia
Valladolid	Huelva	Córdoba
Alicante	Soria	Granada
Tarragona	Ávila	Almería
Cáceres	Cuenca	Tenerife
Salamanca	Murcia	Badajoz

43. Identifica el sufijo adjetival y explica el significado de los siguientes adjetivos partiendo de la palabra de la que proceden:

factible	plausible	asequible
violinista	edificable	violento
tolerante	prudente	objetivo

44. Las palabras *aristocracia*, *democracia*, *burocracia*, *oligarquía*, *monarquía* y *anarquía* forman parte del campo semántico del "poder" o del "gobierno". Responde a estas preguntas sobre ellas:

- **a.** Explica el significado de estas palabras usando el diccionario.
- **b.** Forma los adjetivos correspondientes a partir de ellas y defínelas comenzando con la expresión: "Persona que...".

GUÍA DE LECTURA

CORAZÓN ALADO

Corazón alado es una antología poética de Miguel Hernández, uno de los poetas más importantes de la literatura española de principios del siglo XX.

Nació el 30 de octubre de 1910 en Orihuela. Fue un hombre autodidacta: solo pudo asistir a la escuela hasta los 15 años, pues tuvo que abandonar los estudios para trabajar cuidando el rebaño de cabras de su familia.

Pero el pequeño Miguel ya destacaba por su talento y su interés por la lectura. En la biblioteca pública leía a los grandes autores: Cervantes, Lope de Vega, Calderón de la Barca, Garcilaso de la Vega, Góngora…

Más adelante, viajó a Madrid, donde conoció a los miembros de la Generación del 27.

Poco a poco fue encontrando un hueco en el panorama poético de la época.

Durante la Guerra Civil se alistó en el bando republicano y, al acabar la contienda, fue encarcelado.

Miguel Hernández murió en prisión el 28 de marzo de 1942, sin haber cumplido tan siquiera los 32 años.

1 Documentación

a. Busca la información sobre Miguel Hernández que necesites para completar la tabla siguiente. No olvides ir nombrando los poemas y las obras más importantes en la época que corresponda:

1. El 30 octubre de 1910…	**7.** El 31 de diciembre de 1931…	**13.** Al comenzar la Guerra Civil…
2. De 1918 a 1923…	**8.** Conoce a…	**14.** El 9 de marzo de 1937…
3. En 1925…	**9.** El 15 de mayo de 1932…	**15.** Diciembre de 1937 y enero de 1939…
4. Comienza a leer a…	**10.** En 1933…	**16.** Al finalizar la guerra…
5. Forma un grupo de amigos…	**11.** Conoce y trabaja con…	**17.** En 1941…
6. El 25 de marzo de 1931…	**12.** En diciembre de 1935…	**18.** El 28 de marzo de 1942…

b. Muchos cantautores han musicado los poemas de Miguel Hernández. Escoged algunos y escuchadlos en clase. ¿Qué os parecen?

c. Lee y observa las diferencias entre el estilo de estos dos poemas. Busca información sobre las etapas en las que se divide la obra poética de Miguel Hernández y explica los poemas teniendo en cuenta esas características:

Alto soy de mirar a las palmeras,
rudo de convivir con las montañas...
Yo me vi bajo y blando en las aceras
de una ciudad espléndida de arañas.
Difíciles barrancos de escaleras,
calladas cataratas de ascensores,
¡qué impresión de vacío!,
ocupaban el puesto de mis flores,
los aires de mis aires y mi río.

(fragmento)

Tengo estos huesos hechos a las penas
y a las cavilaciones estas sienes:
pena que vas, cavilación que vienes
como el mar de la playa a las arenas.
[…]
Nadie me salvará de este naufragio
si no es tu amor, la tabla que procuro,
si no es tu voz, el norte que pretendo.

(fragmento)

2 Comprensión

a. Los poemas de *Corazón alado* se agrupan en seis temáticas distintas. Explica qué tienen en común los poemas de cada grupo y describe la visión del poeta sobre la ciudad, el amor, la libertad, la guerra y la familia.

b. Seguid estos pasos para realizar una lectura expresiva de todos los poemas:

1. Usad una herramienta digital que sirva para realizar grabaciones de voz y para mantener debates en grupo. Es posible que al principio debáis dedicarle algo de tiempo hasta que la dominéis.
2. Dividíos en cinco grupos. Debatid entre vosotros el significado que tienen para cada uno de vosotros los poemas de Miguel Hernández.
3. Cada grupo deberá leer los poemas de una de las secciones del libro, salvo uno, que leerá los de las dos primeras, ya que su extensión es más reducida.
4. Leed todos los poemas antes de grabarlos. Comentadlos entre vosotros, preguntad las dudas al profesor, solucionad los problemas de comprensión y anotad todas las conclusiones en vuestro cuaderno. Antes de empezar con la lectura expresiva, debéis hacer una lectura comprensiva en grupo.
5. Grabad ahora los poemas haciendo una lectura expresiva, marcando bien las pausas y controlando el tono y el volumen. Todos los alumnos podrán escuchar los poemas de los demás.
6. A continuación, escoged uno o dos poemas por grupo y comentad los siguientes puntos:
   - Intención del poeta.
   - Forma métrica.
   - Explicación del significado de algunos recursos retóricos, sobre todo las metáforas.
   - Tono del poema: esperanzador, triste, melancólico, reivindicativo… Justificad vuestra elección en cada caso.

3 Ampliación

a. La Guerra Civil marcó un antes y un después en la vida en España. Busca poemas de los siguientes autores que estén dedicados al conflicto o a sus consecuencias. Después, leedlos en grupo y comentadlos:

Antonio Machado	Vicente Aleixandre	Dámaso Alonso
Federico García Lorca	Rafael Alberti	Blas de Otero

b. Escribe un documento que trate los siguientes puntos:
- Características de la poesía de antes de la guerra.
- Actitud de los poetas ante la guerra (pensad que unos murieron, otros se exiliaron, otros se quedaron en España y otros fueron encarcelados).
- Características de la poesía de después de la guerra.

c. Comenta ahora por qué crees que los seres humanos se enfrentan entre ellos provocando muerte, hambre y destrucción.

Las etiquetas de los productos alimentarios

Los alimentos deben presentar la información nutricional en su envoltorio. En él se expone la cantidad de cada nutriente que contiene el producto por porción recomendada y/o en su totalidad. Los valores se indican para personas que consumen entre 2000 y 2500 calorías diarias. Estas etiquetas ofrecen información importante, como:

Las grasas: no se debe consumir más de un 100 % de la cantidad recomendada en la etiqueta.

La fibra: es muy importante consumir un mínimo del 100 % de la cantidad recomendada.

La fibra tiene muchas propiedades beneficiosas: ayuda a reducir el riesgo de algunas enfermedades crónicas, puede prevenir algunos cánceres y reduce el riesgo de enfermedad cardíaca y diabetes. Asimismo, es un apoyo dietético importante, ya que apenas tiene calorías y ayuda a que la persona se sienta saciada por más tiempo.

Información nutricional	
Tamaño de la porción: 1/2 (20 g)	
Porciones por recipiente: 2	
Cantidad por porción	
Calorías: 370	Calorías de la grasa: 170
	% del valor nutricional diario
Grasa total: 19 g	29 %
Grasa saturada: 12 g	60 %
Colesterol: 15 mg	5 %
Sodio: 250 mg	10 %
Carbohidrato total: 48 g	15 %
Fibra dietética: 2 g	8 %
Azúcares: 33 g	

Información nutricional	
Tamaño de la porción: 1 rodaja	
Porciones por recipiente: 22	
Cantidad por porción	
Calorías: 50	Calorías de la grasa: 10
	% del valor nutricional diario
Grasa total: 1 g	1 %
Grasa saturada: 0 g	0 %
Colesterol: 0 mg	0 %
Sodio: 115 mg	5 %
Carbohidrato total: 10 g	3 %
Fibra dietética: 5 g	20 %
Azúcares: 1 g	

"Etiqueta Nutricional de los Alimentos" (adaptación), *Sylexcom*. Web [Consulta: 23 de septiembre de 2015].

Localizar y extraer información

1. ¿Qué producto de los anteriores es más saludable por su contenido en grasas?
2. ¿La barra de dulce contiene fibra? ¿Es un buen nutriente?
3. ¿Qué propiedades beneficiosas tiene la fibra?

Integrar e interpretar

4. ¿En qué hay que fijarse especialmente cuando se lee una etiqueta de alimentos? ¿Por qué?
   - ☐ En el porcentaje de fibra y en el de grasas que contiene.
   - ☐ En la cantidad de cada nutriente.
   - ☐ En si la etiqueta ofrece la información por porción recomendada o por totalidad.
5. Observa el orden de los ingredientes en las etiquetas. ¿Encuentras alguna regla para que sigan ese orden o, por el contrario, es totalmente arbitrario?
6. Haz un listado con los alimentos que ingieres con más frecuencia e investiga la cantidad aproximada de fibra que consumes diariamente.

Reflexionar y evaluar

7. ¿Crees que la dieta mediterránea es una dieta equilibrada? Explica tu respuesta y pon ejemplos.
8. ¿En qué consiste la comida basura? Explícalo con la terminología adecuada, que aparece en las etiquetas anteriores.
9. ¿Qué desequilibrios alimentarios pueden provocar sobrepeso? Diseña el menú ideal para un día de una persona de tu edad.

La Teoría de la Transición Demográfica

La Teoría de la Transición Demográfica (TTD) postula que existe una ruptura en las dinámicas demográficas tradicionales, y que todas las poblaciones la experimentan de la misma manera si se dan las condiciones adecuadas.

La secuencia de cambios que describe este gráfico empieza en el siglo XVIII y llega hasta nuestros días. En él, pueden distinguirse tres etapas fundamentales:

- El **antiguo régimen demográfico**. Se caracteriza por unas tasas de mortalidad y de natalidad muy elevadas, sin apenas crecimiento, y por momentos puntuales de crisis de mortalidad extraordinarias.
- La **transición**. En esta etapa disminuye la mortalidad (especialmente la infantil y la ocasionada por epidemias y hambrunas). Además, se acelera el crecimiento demográfico y la natalidad empieza a disminuir.
- El **nuevo régimen demográfico**. Se vuelve a establecer el equilibrio, esta vez en torno a tasas reducidas de mortalidad y de natalidad, y nuevamente con un escaso crecimiento.

"La representación esquemática de la TTD y las tres etapas" (adaptación), *Apuntes de Demografía*. Web [Consulta: 23 de septiembre de 2015].

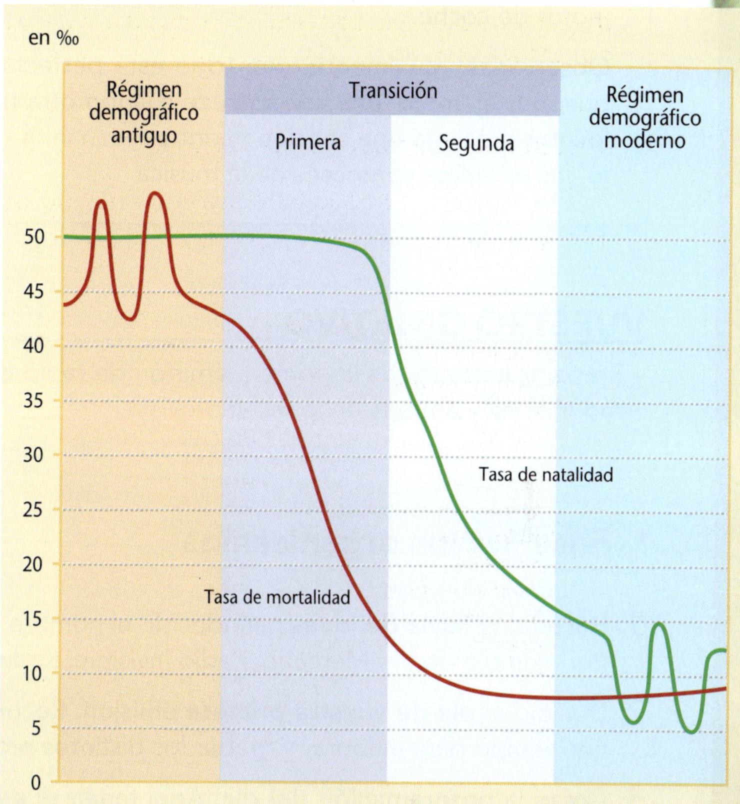

Localizar y extraer información

1. Indica qué afirmaciones son verdaderas:

- ☐ La TTD es una teoría que estudia la demografía.
- ☐ La demografía estudia el desarrollo económico.
- ☐ La demografía es una ciencia que investiga las poblaciones: crecimiento, estructura, etc.
- ☐ Actualmente hay un equilibrio entre natalidad y mortalidad.

2. De los tres momentos demográficos, ¿cuál presenta mayor desequilibrio entre natalidad y mortalidad?

Integrar e interpretar

3. ¿Por qué la línea verde y la roja presentan esas oscilaciones en zigzag tan marcadas?

4. Explica con tus palabras qué es la TTD.

5. ¿Cuáles crees que son esas "condiciones adecuadas" que se deben dar para que la TTD se observe en todas las poblaciones?

Reflexionar y evaluar

6. ¿Crees que en la actualidad todos los países tienen tablas demográficas similares? ¿Por qué?

7. ¿Cuál es la utilidad de los estudios demográficos? Razona tu respuesta.

8. ¿Qué función tiene el gráfico con respecto al texto?

- ☐ Completa la información del texto.
- ☐ Contradice la información del texto.
- ☐ No aporta ninguna información nueva.

9. ¿Consideras necesarias las tablas, imágenes y gráficos en los textos explicativos? ¿Por qué?

PROYECTO

Estamos en la onda

Si ahora sintonizases una emisora de radio, te darías cuenta de que constantemente se van sucediendo y alternando voces, músicas y, en algunos casos, otros sonidos como el cantar de los pájaros o el de un motor de coche.

Observarías, igualmente, que todo está perfectamente ordenado y que, por ejemplo, una voz aparece cuando otra ha callado, o que un locutor presenta una canción mientras suenan, a un volumen más bajo, los primeros compases de la música.

VUESTRO OBJETIVO

Preparar entre todos la primera emisión de radio de vuestra cadena radiofónica y emitirla en la fecha prevista.

Fase 1. Nos organizamos

1. Haced una **lluvia de ideas** para decidir el nombre de vuestra emisora. Por ejemplo: Radio Mercurio, Radio Invisible, Radio Círculo, etc.
2. Decidid el **día de vuestra primera emisión**. Recordad que debéis tener tiempo para elaborar y grabar los distintos programas.
3. Cread la **programación del día**. Aquí tenéis el esquema de los posibles programas que la podrían componer:

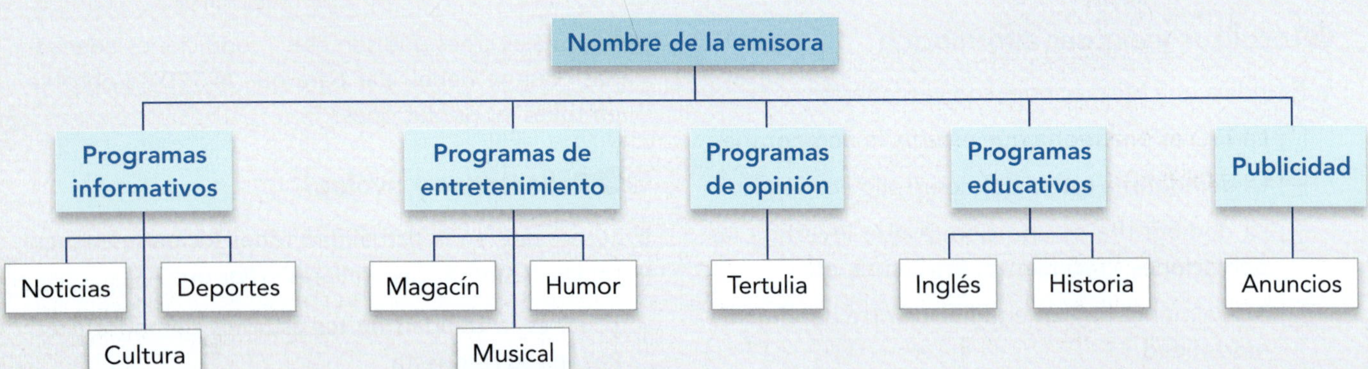

4. Dividíos en grupos de tres o cuatro personas y decidid, según vuestras preferencias, qué **tipo de programas** preferís hacer:
   - Consensuad las decisiones de modo que la programación resultante esté equilibrada.
   - Decidid el nombre de los programas que os han tocado.
   - Elaborad un esquema de sus posibles contenidos.

@ Amplía en la Red...

Para saber más sobre las radios *on-line*, entra en www.tiching.com/737592.

✓ Fase 2. Planificamos

1. En grupos, investigad las características del programa de radio que os disponéis a diseñar:

   - ¿Es informativo, de opinión, de entretenimiento...? Anotad las características y la duración aproximada.
   - ¿Cómo lo hacen otros? Escuchad distintos programas de radio que os sirvan de modelo.
   - ¿Qué tiempo y esfuerzo hay que dedicar a la tarea? Elaborad un primer cronograma y distribuid las tareas que tenéis que ir haciendo:

Generalmente, cualquier programa de radio se organiza en **bloques de contenidos**.

Tipo de programa	Duración	Secciones fijas	Persona responsable	Tareas	Plazo de entrega
Boletín de noticias	5 minutos	Noticias locales	...	Buscar y redactar el guion de las noticias	...

Fase 3. Redactamos el guion

1. ✓ Escribid el guion. En él se especifican de forma ordenada los contenidos del programa, así como las fuentes sonoras.

   Tened en cuenta que en los guiones está tanto lo que ha de decir el locutor como lo que tiene que hacer el técnico de control. Las anotaciones del técnico de control se escriben siempre en mayúsculas y alineadas en el margen izquierdo. Las del locutor se escriben en minúscula y hacia la derecha.

La música en la radio

En los guiones radiofónicos aparecen términos que definen las operaciones utilizadas habitualmente para pasar de un tema musical a otro o de una música a la palabra:

- **Encadenado**: consiste en pasar de una música a otra haciendo que las últimas notas de una se mezclen con las primeras de la siguiente.
- **Fundido** o **funde**: se produce cuando se da una transición suave de una fuente sonora a otra. Por ejemplo, una música va bajando de volumen cuando la palabra comienza a sonar.
- **Desvanece**: se produce cuando la música se va apagando suavemente hasta desaparecer.

Igualmente aparecen otros recursos sonoros como ruidos de la naturaleza o de la ciudad que sirven para crear un paisaje sonoro. En el guion de radio también se especifica si la música y otros recursos sonoros están en primer plano (PP) o pasan a fondo (PF).

2. Observad todos los elementos mencionados anteriormente en este guion radiofónico:

PONER SINTONÍA PP DURANTE 3 SEGUNDOS Y PASAR A PF.

Técnico de control

Loc. 1: ¡Buenos días! Estamos muy contentos de transmitir este día en el que los jóvenes tenemos un espacio en los medios de comunicación.

Loc. 2: ¡Sí! Por eso, queremos hablar de lo importante que es para nosotros hacer ejercicio.

Loc. 1: Es esencial para nuestro crecimiento y desarrollo.

Locutor 1

Loc. 2: ¿Quieres participar con nosotros? ¡Acompáñanos!

PONER SINTONÍA PP DURANTE 2 SEGUNDOS Y PASAR A PF HASTA QUE NO SE OIGA.

Loc. 1: En primer lugar, hablaremos de nuestro desarrollo. ¿Qué necesitamos los jóvenes para crecer?

Loc. 2: Una buena alimentación, educación, asistencia médica... Pero también ¡diversión y entretenimiento!

Locutor 2

Loc. 1: ¡Así es! A mi hermano le encanta el baloncesto, y a mí el fútbol.

Loc. 2: ¡También a mí! ¡El fútbol me mola! Y... a vosotros amigos, ¿qué os gusta?

PONER SINTONÍA PP DURANTE 2 SEGUNDOS Y PASAR A PF HASTA QUE NO SE OIGA.

Loc. 2: Para saber más sobre la importancia del deporte, invitamos a Jorge García, nuestro profesor de Educación Física. Profesor, explíquenos por qué debemos hacer ejercicio.

Profesor: Es importante practicar ejercicio porque nos ayuda a ser unas personas fuertes y sanas...

[Continúa la entrevista y se le agradece al invitado su participación al finalizar].

Loc. 1: Hasta aquí nuestra emisión. Gracias por acompañarnos.

Loc. 2: Y no olvidéis: ¡El deporte ayuda a nuestro desarrollo!

Loc. 1 y **Loc. 2**: ¡Hasta luego!

PONER SINTONÍA PP DURANTE 3 SEGUNDOS Y PASAR A PF HASTA QUE NO SE OIGA.

"Ejemplo de guion radiofónico" (adaptación), *Enrédate con Unicef*. Web [Consulta: 26 de octubre de 2015].

3. Ensayad en grupo vuestro guion para familiarizaros con las acciones que debéis realizar.

✓ Fase 4. Emitimos la programación

1. Realizad vuestra primera emisión el día que hayáis previsto. Podéis utilizar distintos recursos: a través de una grabación en MP3; creando una cuenta en una plataforma *on-line* en la que se puedan reproducir, descargar y compartir audios; con la ayuda de una emisora de radio local que desee colaborar con vosotros, etc.

✓ Fase 5. Valoramos

1. Una vez que vuestros compañeros y compañeras hayan realizado su parte del programa de radio, valorad sus intervenciones, siendo 1 el valor más bajo y 5 el más alto:

	1	2	3	4	5
El nombre del programa y sus contenidos son originales y atractivos.					
Los recursos sonoros tienen calidad y cumplen claramente su función.					
Los locutores hablan de forma clara, amena y correcta.					
La proporción entre contenidos, recursos sonoros y publicidad está equilibrada.					

✓ Fase 6. Reflexionamos

1. Tras finalizar el proyecto, reflexionad entre todos sobre los aspectos positivos que os ha aportado la tarea:
   - ¿Qué habéis aprendido?
   - ¿Qué dificultades habéis encontrado?
   - ¿Qué aspectos pueden mejorarse?
   - ¿Qué os ha gustado más? ¿Y menos?

2. Ahora, contestad las preguntas de la tabla que tenéis a continuación y valorad vuestra experiencia en el proyecto:

¿Cómo valoráis el resultado final de vuestro trabajo en grupo?

	✓ Sí	✗ No	A veces
¿Ha sido satisfactorio trabajar en grupo?			
¿Habéis aprendido a tomar decisiones en grupo?			
¿Has cambiado de opinión y aceptado la opinión de los demás?			
¿Te has sentido satisfecho con tu grupo?			
¿Te has sentido satisfecho con tu trabajo?			
¿Has sido capaz de enfrentarte a situaciones nuevas?			

MÉTRICA

El ritmo y la rima

La **poesía** crea el **ritmo** gracias a la repetición del número de sílabas de cada verso y a la repetición de la **rima**.

- El **ritmo de cantidad** se consigue al repetir el mismo número de sílabas en cada verso. Como cada sílaba es un golpe de voz, al repetir el mismo número de sílabas se produce en nuestra memoria un ritmo acompasado que recuerda a los golpes de un tambor.
- El **ritmo de timbre**, es decir, la **rima**, es la repetición de los sonidos de la última palabra de cada verso a partir de la última vocal acentuada. La rima puede ser:
  - **Consonante**. Si coinciden las vocales y las consonantes a partir de la última vocal acentuada: *cantar/preguntar*.
  - **Asonante**. Si coinciden las vocales a partir de la última sílaba tónica del verso: *agua/alzaba*.

CONTAR SÍLABAS DE UN POEMA

Hemos de tener en cuenta:

- La **sinalefa**: si una palabra acaba en vocal y la siguiente empieza también por vocal, se cuenta como una sola sílaba.
- Los **diptongos** y **triptongos** forman una sola sílaba: *cuen-tan*.
- La **última palabra** de cada verso:
  - Si el verso acaba en palabra aguda, añadimos una sílaba.
  - Si el verso termina en palabra llana, se mantiene el mismo número de sílabas.
  - Si el verso acaba en palabra esdrújula, quitamos una sílaba.

Tipos de estrofas

	Estrofas de arte mayor (9 sílabas y más de 9)		Estrofas de arte menor (8 sílabas y menos de 8)
3 versos	**Terceto**: tres versos que riman **A B A**. Yo quiero ser llorando el hortelano A de la tierra que ocupas y estercolas, B compañero del alma, tan temprano. A Miguel HERNÁNDEZ	**3 versos**	**Tercetillo**: tres versos que riman **a – a**. Poned atención: a un corazón solitario – no es un corazón. a Antonio MACHADO
4 versos	**Cuarteto**: cuatro versos que riman **A B B A**. Umbrío por la pena, casi bruno, A porque la pena tizna cuando estalla, B donde yo no me hallo no se halla B hombre más apenado que ninguno. A Miguel HERNÁNDEZ	**4 versos**	**Redondilla**: cuatro versos que riman **a b b a**. Es el mejor de los buenos a quien sabe que en esta vida b todo es cuestión de medida: b un poco más, algo menos. a Antonio MACHADO
	Serventesio: cuatro versos que riman **A B A B**. A las aladas almas de las rosas A del almendro de nata te requiero, B que tenemos que hablar de muchas cosas, A compañero del alma, compañero. B Miguel HERNÁNDEZ		**Cuarteta**: cuatro versos que riman **a b a b**. Carne de yugo, ha nacido a más humillado que bello, b con el cuello perseguido a por el yugo para el cuello. b Miguel HERNÁNDEZ
	Cuaderna vía: cuatro versos monorrimos que riman **A A A A**. Quiere la juventud mucho placer consigo, A la mujer quiere al hombre alegre por amigo, A al huraño y al torpe no lo aprecia ni un higo; A tristeza y mal humor crean al enemigo. A ARCIPRESTE DE HITA		**Copla o cantar popular**: cuatro versos que riman los pares **– a – a**. No extrañéis, dulces amigos, – que esté mi frente arrugada; a yo vivo en paz con los hombres – y en guerra con mis entrañas. a Antonio MACHADO

FIGURAS RETÓRICAS

PARALELISMO

Los versos repiten las mismas estructuras sintácticas. Gracias al paralelismo se destacan muy bien en los versos otras figuras como la antítesis.

Ella es mi palomar de silencio.
Ella es mi tapia de jazmines.
Ella es mi langosta de oro.
Ella es mi quiosco de música.

Carlos Edmundo DE ORY

ANÁFORA

La anáfora consiste en repetir al principio de varios versos la misma palabra o palabras. A veces se combina con el paralelismo.

Todas visten un vestido,
todas calzan un calzar[1],
todas comen a una mesa,
todas comían de un pan.

1. **calzar:** aquí significa calzado.

CONVERSIÓN

Una palabra o palabras se repiten al final de cada verso.

Ya ves qué tontería,
me gusta escribir tu nombre,
llenar papeles con tu nombre,
llenar el aire con tu nombre,
decir a los niños tu nombre,
escribir a mi padre muerto
y contarle que te llamas así.

Me creo que siempre que lo digo me oyes.
Me creo que da buena suerte.
Voy por las calles tan contenta
y no llevo encima más que tu nombre.

Gloria FUERTES

ANTÍTESIS

Consiste en situar muy próximas palabras de significado opuesto para resaltar así sus diferencias.

Érase una vez
un lobito bueno
al que maltrataban
todos los corderos.

Y había también
un príncipe malo,
una bruja hermosa
y un pirata honrado.

Todas estas cosas
había una vez
cuando yo soñaba
un mundo al revés.

J. A. GOYTISOLO

COMPARACIÓN

En ella se relacionan un término real (R) y un término imaginario (I) a través de un **nexo comparativo**: *como, más... que, menos... que, tan... como*, etc.

Tus ojos son como luceros.
R I

El término real (R) y el imaginario (I) son sustantivos.

METÁFORA

En ella se identifican a través de un **verbo copulativo** (*ser, estar, parecer*) un término real (R) y un término imaginario (I), porque el autor los percibe como idénticos.

Tus ojos son luceros.
R = I

El término real (R) y el imaginario (I) son sustantivos.

METÁFORA PURA

El término real (R) no aparece explícito y el lector debe deducirlo de la información que recibe del texto.

Tras caminar largas horas por la sierra
se refugiaron en el bostezo de la montaña.
I

CÓDIGO DE LICENCIA*

edubook

activa el aprendizaje

1. Entra en la web: **activa.vicensvives.com**
2. Introduce el **código de licencia** de tu libro

   Introduce tu licencia

3. **Sigue los pasos** y accede a tu cuenta de Edubook

* Licencia gratuita válida por un año desde su activación

En caso de que la disponibilidad y activación de la licencia no sea posible por cualquier causa, el usuario no podrá reclamar a EDUBOOK por ningún concepto relacionado con la misma.

- Las actividades contenidas en este libro han de realizarse en un cuaderno aparte.
- Los espacios incluidos en las actividades son meramente indicativos y su finalidad es didáctica.

Ilustrado por: Jaume Bosch y Bernadette Cuxart.

Agradecemos a WWF España (pág. 2 y 3); Desayunos con Muesli (pág. 6) y Douglas Wright (blog "El jardín de Douglas") (pág. 42 y 43) la posibilidad de utilizar su material fotográfico.

Este libro está impreso en papel ecológico reciclable y con tintas exentas de elementos pesados solubles contaminantes. Directiva Europea 88/378/UE, norma revisada EN/71.

Primera edición, 2016

4 5 6 7

Depósito Legal: B. 27.999-LVIII.